自学自習への道

「ちょうどの学習」が拓く子どもたちの可能性

村田一夫
Murata Kazuo

牧歌舎

はじめに

教育は何をめざすのか。

生徒自身がみずから問題を見出し、みずから学ぶことによって、問題解決の道に立ち、みずからの可能性を広げていくこと、この学びの形が達成できれば、教育上の課題のほとんどは解決していくのではないか、少なくとも、解決への道を大きく広げることになるのではないか。つまり、教育の最終の形を自学自習におくことで、教育の価値もその方法も明らかになっていく、これはいま現在の教育を少しでも改善しようと考える多くの方々が賛同する、とりあえずの前提であるように考えられます。

しかし、このようにだいじな学びの最終形であるにもかかわらず、自学自習を実現する教育の方法がいまだ確立していないのは不思議といえば不思議です。

多くの場合、自学自習を形づくる責任は、生徒の側に投げられたままです。いっこうにその実現に向けての研究もまた実践もすすみません。たしかに自習するべきだし、そして、だれもがそう思うのですが、生徒の顔にはとまどいの様子、何を、どうすればいいか、わかりません。自習のための手段も指導も与えられないまま、自学自習が学習では大事ですよ、という言葉だけが子どもたちに注がれています。

これで、はたして教育はほんとうに務めをまっとうしていると言えるのでしょうか。

子どもには依然、自分で学ぶという学びの形が根づいていないのです。ならばじつのところ肝心かなめの学習の方法自体、指導されてこなかったと同じです。自習が教育ではもっとも大事というだけで、何も指導せず、ただ漫然と一方的な授業がつづいています。

もちろん近代教育がはじまって、たかだか百年あまりの時間がたったばかりです。近代生まれの新教育が成熟するには時間がまだ足りないのかもしれません。しかも、その過程で、社会は高度成長期を経過し、さまざまな価値観がみだれる大衆消費の時代へと大きく舵を切りました。子どもでさえいっぱしの消費者としてあつかわれ、コマーシャライズ（商品化）された生徒たちが、教室のなかを個性をはじかせながら、うごき回っています。

それでも、時代がいかに変化しようと、子どもたちが心底深く潜ませる可能性はいつもその時代の波をこえ、世代の格差すら無にするほどには大きいものです。時代の教育が子どもたちをやっと射程に入れたと思った瞬間、すでにその子どもの可能性、多様性、個性は既成の枠を飛びこえています。

結局は生徒たちを教育する側の人たちが子どもたちに追いつけなくなっているのです。教育とはこういうものだ、教育はこうあらねばならないといったふうに、その時代の大人がかってに思い描いたカラに閉じこもって、子どもの可能性の実態に向き合うことをしないまま、いまだ古色蒼然とした教育の本質論、当為論にしがみつく、これが現実なのです。

しかし、子どもたちの現代の教育にあがらう姿をよくよく見れば、そこには自分ではどうしようもないという心の叫びが聞こえてくるのではないか。

ある報告によれば、小中学校の6％をこえる子どもたちに、学習障害（ＬＤ）や注意欠陥・多動性障害（ＡＤＨＤ）や対人関係に困難をもつ高機能自閉症（ＨＦＡ）などの発達障害があるということです。6％といえば、40人クラスなら2～3人はいることになります。

子どもたちもまた、大きな壁にぶつかり傷つき、意気消沈し、勇気をなくして、ときに被害者意識を嵩じさせ、あきらめの気持ちからか、あらぬ方へと逃避して情けない行動をとったりしているのです。できない自分と向き合うのは、だれでもたいへんなことです。

これを批判し、自分は上座にすわったまま、子どもたちを鞭打つのは簡単です。しかし、こうした状況の元凶が子どもたちのまえにそびえるこの大きな壁であるのなら、わたしたちは、子どもたちに向けて舌打ちするまえに、その大きな壁そのものに、ともに闘いの刃をむけ、その闘いのありさまを堂々と自分の言葉で語ることが必要なのではないでしょうか。敵は子どもたちではありません。かれらの学習を阻害するものすべてが真の敵なのだ、と。

目を社会にふりむければ、大人といわれる人はみずからの行動をみずから考え、そして、恥じることなく、自分の言葉を発しているといえるのでしょうか、はなはだ疑問です。

会社の方針をそのままくり返しパスするサラリーマン、自己保存の意識をうちにかくしたまま反省のカケラもなく人のためと広言して自己満足する広報マン・マスコミ人、国家の領土の問題になれば自国の優位性を語らねば、次なる言葉が出ない政治家たち、こうした人たちは自分がいま、世界の他者である第三者にはまったく通じない内輪の言葉を使っていることにさえ気づきません。

教育の世界に使われる言葉もまた、いつもこうです。わたしの市の教育改革のプランの優秀さ、みずからが奉職する学校の教育の質の高さを言いつのり、みずからが禄を食む学校の経営方針にとくとくとしたがう従順な教育者たち——語れば語るほど、酔えば酔うほど、その視野から子どもたちが学ぶ学習の場はますます遠ざかり、闘わねばならない真の敵の姿はかすみます。

算数・数学ができる、英語ができる、国語ができるといった学力をつけるという排他的で横柄な教育から、子どもたち一人一人の可能性の伸長をめざす教育へ、自学自習を確実にものする教育へ、人間の質の向上をめざし、当たり前の判断ができ、ふつうの自分の言葉が語れる教育へ、そろそろ舵を切り替えるときです。

可能性の追求など絵空事だと陰口をたたくなら、たたけ。そうした批判を承知のうえで、それでもわたしたちは、子どもたちそれぞれの可能性に裏打ちされた自学自習という新しい学びの形をめざして、その教育の方法を立て直すべきではないか、と考えます。みずからの私的言語を自己批判し、時間・空間を乗り越えて、未知なる第三者たる他者につながる言葉を語り切ることのできる教育が、いま求められているのです。

以下の文章は、どんな境遇におちいっても、なお子どもたちの可能性を信じて疑わないお父さんお母さんに読んでいただきたいと思いつつ筆をとりました。

子どもをお持ちの多くのお父さんお母さんにこの小冊子をささげます。

目次

自学自習への道

「ちょうどの学習」が拓く子どもたちの可能性

子どもの学習には、それぞれの能力に応じた「ちょうど」のことが与えられるべきであり、しかも、その「ちょうど」は、子ども一人一人の可能性を追求する過程をとおして実現するものでなければならない。――「ちょうどの学習」は生徒自身が自分の学習の意味を自己確認する場である。自学自習が成り立つ場でもある。ときに我を忘れて、この場をはなれたりしたとき、指導者は「ちょうどにする指導」をおこなうことで、生徒一人一人の能力の「ちょうど」を見出し、生徒を我に返して、ふたたび「ちょうどの学習」の場によびもどす。――こうして「ちょうどの学習」の場はさらに充実した学びの空間になり、より多くの子どもたちに必要な「自学自習への道」が開かれていく。

1　自分の可能性を知らない子どもたち

自学自習は、急には身につかない

親の一言だけで子どもが自習するはずはない

自習には一人でもくもくと勉学にはげむといったイメージがついてまわります。

たしかにこうした学習習慣が身につけば、それにこしたことはないと思うお父さんお母さんは多いはずです。日ごろ「早くしなさい」「ダラダラしないで」「自分のことは自分でしなさい」といった言葉しかかけられないことにイライラ感をつのらせるお父さんお母さんをちょっと思うだけでも、子どもが親から何も言われないのに自分からすすんで机に向かうという姿は、親ならずとも望ましく理想的なものでしょう。

そこで、小さいときから「ひとり勉強」の習慣をつけようと、毎日学習の習慣づけや、お習字や数字・文字の書き方訓練など、いわゆる「鍛錬」と称する学習を過重にくわえたり、日常の生活でつかう言葉のなかで生活を律するたぐいのきびしい言葉かけをしたりしがちです。はじめが肝心だし、日ごろの生活から気をつけておかないと、子どもはすぐにどこかへ行ってしまうと思うからです。

親はまずは生活習慣から立て直さねばならないと考えます。反面、何もそこまでしなくてもと、比較的、子どもを自由にあるがままにしておきたいという親たちもいますが、それでも子どもがあまりにも野放図で、収拾がとれない、度のすぎた状態になれば、かってなもので、とたんに「何をしているの、ぐずぐずしないの」のきつい叱責の言葉がとぶのです。自由、自由、自主性がたいせつといいながら、やはり、親です、言うときには言わねばならない。ついつい「自分のことは自分でしなさい」が出てしまいます。

昔も今も、親は、この一言で、子どもはひとりでに勉強に向かうものと信じ込もうとします。

しつけと自習との違い――ふつうのお母さんの悩み――

しつけと自習は、だれもが簡単に結びつけて考えがちです。しかし、この二つは、様相としては似ていても、そこにいたる過程には大きな違いがあります。過程に違いがあるということは、その途中での子どもの受け止め方もおのずと異なるわけで、当然ながら、そこにあらわれる成果にも格段の差が生じます。

しつけは学習も生活習慣の一つとして、強制的に一挙に正すことによって、学習への向かい方を規律正しいものにしていこうとしますが、自習は学習を継続的につづけるなかで、子ども自身が自分自身に合った学び方を、自分で身につけていくことによって成り立つものです。範疇（カテゴリー）がちがうものを並べ比較しても、意味はありません。どっちが大事というものではないのです。

なぜこうなるのか。結果からいえば、自習がそもそもそう簡単には身につくものではないからです。この長い「自学自習への道」にだれもが我慢ができず、しつけに解決をゆだねます。親は、しつけと自習との狭間にあって、どう子どもに対すべきか、いつも迷っています。

自習が急には身につかないのはなぜか

学習習慣を身につける過程の違いは、学習そのものをどのようにとらえるべきかという教育上の問題にも影響を与えます。

いかにしつけをきびしくしたからといって、それがそのまま自習につながるとはかぎりません。しかし、これは考えてみれば、当たり前のことです。どのような教育やしつけをしても、それがそのまま子どもに100%通じることなどはなく、子どもはそうした強圧的な働きかけが自分にとってどういう意味をもつのかを自分で解釈しなおそうとするからです。

ある子どもは、親からの教育やしつけを当然のこととして、親が望むべき方向にすなおにしたがうかもしれません。しかし、すなおにしたがうといっても、子どもの心のなかにはいろいろなコンプレックスな感情（抑圧された複雑な無意識）や違和感がのこります。できないものはできないのです。したくないものはしたくないのです。

ある子どもは、親の教育やしつけになんらかの強制的な押し付けがましさを敏感に感じ取って、日々の当たり前につづく圧力をうっとうしく思い、できれば逃げ出したいとさえ考えます。そこまでいかなくとも、親の親身な言葉のうらに厳然と存在する命令口調のしつけの強引さを見出すたびに、そのダブルバインド（二つの矛盾した命令を受け取った者が、その矛盾を指摘することができず、しかも応答しなければならないような二重拘束の状態）な実質から、なんとなく自分が自分でないような疎外感を感じる子どもはきっといるはずなのです。

解釈がからんだコミュニケーション

教える側がAのことを教えたとしても、受け手である子どもはBと感じる、教育というコミュニケーションの場で起こる現実。AがBとして結果するなら、教える側はAを教えたことにはならず、不本意ながら、Bを教えたと同じです。ある意味で教える側と教えられる側は、こうした解釈がからんだコミュニケーションのなかにいます。

この事実を教える側に立つ人間は忘れがちです。なにか教育上の問題が起きると、学校の先生のせいにしたり、学習塾のような私的な教育機関に丸投げしたりするのも、教育をモノのように実体化して考え、このモノを与えさえすれば、問題がすぐに解決すると安易に思ってしまうのも、同じ原因に由来する現象の一つです。

しかし、教える側と教えられる側のコミュニケーションはそれほど単純なものではありません。「Aを教えたければ、Bを言う」、これは教授法のイロハです（じつはこの逆説のなかにこそ、「自学自習への道」をしめす大いなるヒントがひそんでいます）。しかし、この逆説が教育という名のコミュニケーションのなかに潜在することを、教育の専門家という人たちでもつい見失いがちです。いやむしろ、専門家だからこそ容易には感得ができません。自習しなさい、自習こそ学習の基本だ、という言い方が、じつは生徒を自習から遠ざけていた張本人だったことに、人びとはなかなか気がつかないのです。

なぜ高校で成績が下がるのか

きびしいといわずとも、ある意味で杓子定規な親の教育を小さいときから耐えたせいで、小学校、中学校まではその効果は絶大、親子ともどもその好結果に満足するようなことがあったとしても、いよいよ、本来の自学自習が学習の中心となる高校時代以降になると、きゅうにその効果が消えうせ、学校の成績でさえ思うようにならなくなるということはしばしば耳にすることです。

幼児期には素直だったし、小学生になって、あれほど練習を積んだのに、中学までならクラスでトップクラスだった子どもが、高校に入って、期待するような成績を上げられない、また、言われたとおり、指示どおりの学習にしたがって、みごと希望の高校や大学の入学試験を突破したものの、入学後は糸の切れた凧《たこ》のようになって、自分の学習に意味を見出せないまま、無為の時間を過ごしてしまうのは、親がいう「Aを教えたいので、Aを言う」教育が、じつのところ、子どものその後の学習にはあまりいいものをもたらさなかった証拠といっていいのです。

自習に向けた学習を一定期間つづけて得るもの

どうやら自習というもの、しつけのような「A＝A」の強制的な生活習慣を身につけさせるような形では実現することができないもののようです。急には身につかないもの、これこそ、自学自習が「A＝A」の教育では、学習の効果がないということの意味です。この点が自習というものを世間の人が大きく捉えちがいする原因になっています。

自分ひとりで勉強することが大事よ、というだけで自習が完成することなど、まったく夢のような話です。言葉かけ一つで、また、しつけだけでこれが身につくことなどほとんどなく、自習に向けた学習を、ある一定期間つづけて、子ども自身がその自習の意義を自分で感じつつ、少しずつ身につけていくものが自習だからです。このことは、自習について考えるとき、とても大切なことです。しかし、大切であるにかかわらず、だれもこの点をついた教育論、学習論をこれまで展開してこなかったのでした。

自学自習がはぐくまれる領域

自習をはぐくむ土壌

自習しろ、自習しろといくら連呼しても、生徒は逆に、指示待ち、命令待ちの消極的で従順な学習者になります。

Aをさせようと思って、Aについて言えば言うほど、Aからはなれていく。この悪循環から解放するためには、Aを言うことを、しばらく禁じて、Aになるように、生徒が立つ「場」そのものに、Bという働きかけをおこなってみる。つまり、生徒が自習しやすくなるような場をじょじょに充実したものにしてみてはどうでしょう。生徒が自習するには自習するための場が必要なのです。

この場が何で、どんなふうにつくるのかについて考えるまえに、自習というものがどういう性質をもった学習行動なのかをさきにみておきましょう。

遊びのなかに現れる自習の原型

子どもの能力について考えてみます。

子どもの能力には、「できる領域」と「できない領域」の二つがあります。子どもにとって、どうしても「できない領域」はたしかにあります。子どもたちは「できる領域」を少しずつ身につけていって、じょじょに「できない領域」を減らしていく、これが子どもたちの成長だというふうにふつう考えられています。

しかし、この見方は、あまりに子どもの能力を静態的に見すぎています。じっさいの子どもたちの姿を見てみますと、そうはなっていないと思うことがしばしばです。

たとえば、子どもたちが友だちと遊んでいるときの様子を思い浮かべてください。みんなは地面になにやら図をかいて、陣取りゲームのようなことをしています。キャーキャー大騒ぎです。あっちでは言い合いがはじまり、こっちからははじけるような笑い声が聞こえてきます。しかし、その遊びのなかに入っていけない子が一人、ぽつんとかたわらに取り残されています。よく見られる子どもたちの遊びの風景です。

すると、年長者らしい子がその子に近づいてきて、「ねえ、いっしょに遊ぼう」。でも、その子はしり込みして、いいよ、いいよという身振り。「大丈夫だったら。いっしょにやれば、すぐにできるようになるから。」……「ね、こうするのよ。そう、できたでしょう。……つぎはこうよ、いい。……あら、できたじゃない。じゃあ、あなたはこっちの組に入って。」……

しばらくすれば、さっきの引っ込み思案の子は、もう夢中になって、みんなといっしょに歓声をあげて、遊んでいます——。

「できる領域」と「できない領域」、そして、第三の領域

この子どもたちの遊びの姿は、子どもの能力がどのように広がっていくかというある真相をわたしたちに教えてくれます。

つまり、こうです。「できる領域」と「できない領域」のあいだに、もう一つの領域、「自分ひとりではできないけれど、だれかに導かれることで、一人でできるようになる領域」があるのです。もちろん、さらにその外には、どんなに引っ張られても、どんなに導かれても、どうしても「できない領域」が依然として広がっています。

「できる領域」という第一の領域、「できない領域」という第二の領域、そして、この第三の領域。この第三の領域において、子どもたちは、それまでできなかったことが、自分ひとりでできるようになる。できなかったことができるに変じた奇跡的な出来事がいま、子どもたちに起こったのです。

この第三の領域こそが、子どもたちが生きて、手ずから「できる」を学び取った自学自習の場なのでした。

これは、自習について考えるのに、たいへんわかりやすい例です。

この「第三の領域」こそ、自習をはぐくむ場です。子どもたちはここにおいて初めて、「命がけの跳躍」を試みて、「できない領域」から「できる領域」への転化を体験しているのでした。この体験こそが自習を身につけるために必須になる種子です。

「できない領域」から「できる領域」への転化

じつは、子どもたちにはすでにある対象を学び取る可能性が潜在していたのです。それがこの「第三の領域」という場所を得たとき、潜在していた可能性が、見えない人には見えないものですが、見える人には手につかむごとく、はっきりとおもてに現れ出します。

ヴィゴツキーの「能力の最近接領域」

この「第三の領域」は、旧ソビエトの心理学者L・S・ヴィゴツキー（1896〜1934）がつとに「能力の最近接領域」と指摘していた場所でもありました。ヴィゴツキーは、従来型の教育に代えて、この最近接領域における意義について、わたしたちにはじめて知らせた心理学者です。

それまではレディネス（子どもの心身が発達し、一定の知識・経験・身体などができあがる状態）があるかどうかが教育の可否をきめる基準として、生徒の伸び代《しろ》を見ようともしなかった教育観を打ち壊しました。

また、一方では、行動主義的な心理学がちょっと刺激さえ与えれば、どこまでも、いつだって、教育は可能だとして、どんな子でも科学者にも泥棒にもしてみると言い切る暴挙にも冷水を浴びせかけました。そして、指導者による適切な指導の不可欠さと、その有効性を示しました。教育の成果を子どもの責任にあずけたりせず、指導者にも子どもの教育に大きな責任があるとしたのです。

では、子どもたちは、この「第三の領域」において、どんな体験をしているのでしょうか。ここには子どもたちを主体にした教育の形、すなわち、自習の形がどのようなものであるかがはっきりと表れ出ています。

子どもは自分の可能性がどのくらいのものなのかを知らない

子どもの教育にもっともふさわしい時期とはいつか

しばしばこんな質問に出くわすことがあります。子どもがいわゆる学習をはじめるのに、もっとも適している時期とはいったい、いつなのでしょうか、と。

一般には子どもがもっとも学習意欲をわかせ、自分からやりたいというとき、と答えるお父さんお母さんが多いのではないでしょうか。興味をもって、たのしんで学習できるときが、学習をはじめるのにもっともふさわしい時期だ、と。

すこしきびしく指導するたびに、子どもが勉強ぎらいになってしまわないかとつい心配になってしまいます。だから、子どもの学習意欲の高揚をまってはじめて、教育を開始するべきだと考えるのです。

世の多くの先生方も同じです。教える側に立つものは、子どものよろこぶ姿が大好きです。子どもがたのしんで学習すれば、それがいいことだと考え、子どもがいやがることをしないように、神経質なまで目配り気配りをします。子どもが学ぶことをきらいになっては、元も子もないと思うからです。

先生方は、子どもがおもしろがってやりたがる話（ネタ）をさがそうとします。できるだけ子どもに好かれる教育をめざすためです。質問に来たら、それにすぐにやさしく応える先生がいい先生、これが世間の常識です。

しかし、子どもがよろこんで学ぶとはいうものの、子どもがしたいという場所が、当然ですが、必ずしもその子の可能性を拓くのに必要な場所であるとはかぎりません。

子どもは、はじめは勢い込んでやるものですが、しばらくすれば、最初の意欲はどこかへ消え、すぐに意欲をしぼませてしまうのも、よくあることだからです。

基礎学力をととのえたといっても、その生徒の学習態度までかたまったとはなかなかいえません。ときには自分ができると思うところでならいくらでもよろこんで学んでいくといったことも起こります。「どこを学習したい」と聞けば、これまでにすでに学んだところをいうのが大半の生徒です。

子どもたちは自分の可能性を知らない

なぜこうしたことが起こるのでしょうか。子どもは学ぶのが好きとか、人間は本質的に学習する動物であるなどとよく言われますが、あれはいいかげんな思いつきだったのでしょうか。じっさい、勉強が好きな子どもたちなんて、ウソばっかり、と思う人は多いのです。

子どもたちが学ぶ主体としてあるまじき選択をするのは、じつのところ、子どもたちが自分の可能性がどのくらいのものなのかを知らないからです。いや、もっと正確にいうなら、子どもが新しく学ぶことに極端にまで拒否的な態度を示すのは、自分自身もふくめてまわりのだれもがその子どもの可能性がどのあたりにあるのかを知らないからです。

しかし、教育の要は、まさにここ、子どもにとって未知なるものを学んでいく姿勢をどう身につけていくかにあります。だからこそ、いつの時代であっても教育が、その形の如何を問わず、人間の成長の過程にある種の挑戦を要求するのです。

さきの子どもたちの遊びの例でも、「できない領域」にいる子どもを遊びの輪のなかに誘い込むことは至難でした。そのぐらい、未知の領域は子どもにとって不可思議な、ある意味で恐怖感をともなう場だからです。それをあの年長の子がじょうずにその子を遊びの輪のなかに誘い込み、じっさいにあっけらかんとその子が自由に遊べるまでにしました。

年少の子を遊びの輪のなかに引き入れた子どもこそ、まことに優秀な先生でした。じつにおもしろいエピソードです。それ以来、子どもはその遊びがきらいではなくなったのですから、年長の子は年少の子の可能性をしっかりと認めていたのです。

自分の可能性を知らない子どもたちと、可能性の存在を知らせる方法と熱意をもたない指導者、ここに教育の停滞の原因があったといっても、言い過ぎにはならないのではないでしょうか。

いつから教育をはじめるべきか。答えが出たようです。

子どもの可能性の大いさを知ることのできる指導者なら、教育はいつからはじめるのでしょうか。そうです、ご明察です。ある指導者なら、いつからでも、0歳児からでもはじめることができるのです。ただ、それが常識にからめとられて、なされてこなかった、ということです。

子どもたちを「第三の領域」から遠ざけるもの

子どもが自分の可能性を知らないからといって、子どもが喜ぶものだけを与える教育をしたなら、結果はどうなるでしょう。

また、子どものできる領域など無視をして、お受験のためのゴールに向けてしゃにむにムチを打つ教育など、子どもの学力の実態を無視した、むしろ暴力的といっていいものです。たまたま成功した生徒がいたからといって、その「たまたま」を、教育の原理とすることはできないのが道理でしょう。

いわゆる子どもだましの幼児教育や、鍛錬主義にのっとったしつけ教育、母子をともにたばかる受験教育がいけないという真の理由はここにあります。この典型的な三つとも、子どもの可能性の追求より発する自学自習という教育の発想自体がないのです。

指導者という存在の必然性

　ここでさきに述べた子どもの「能力の最近接領域」について思い出していただきたい。今はできないけれど、だれかがその道筋をみちびいてやれば、一人でできるようになる、こうした領域が一人一人の子どもにはある、こうでした。

「一人でできるようになる」、この自学自習はしたがって、教育の最終形というよりも、教育の常態、すなわち、教育が教育であるための必要条件なのです。子どもの学習はどんな学習であっても、そこにはいつも、「一人でできるようになる」、自学自習の形が存在しなければなりません。

　子どもが自分の可能性を知らない、また知ろうとしないという厳然たる事実を正面から受け止めて、その子どもの今の実態を冷静に分析し、「第三の領域」に子ども自身が踏み込む兆候を見出し、つくり出し、それを形ある「一人でできる力」、すなわち、自学自習が可能な状態にすることの意義を知った人、その人こそが、その子どもにとってもっともふさわしい指導者になれる人です（これは、ふつうのお母さんだって、もちろん可能です）。

　子どもの可能性の伸長にむけて、子どもとともに闘う水先案内人、自学自習にはどうしても必要になるのが、この指導者という存在なのです。これが自学自習をはぐくむ場の第一の必要条件になります。

　しつけは子ども自身のたたずまいを正そうとするもの、可能性の教育は、子どもたちの可能性の伸長をはばむものすべてに対して、子どもとともに闘う教育です。

■水先案内人としての指導者の役割

他人を手段としない
自分自身の可能性を
追い求める

自学自習の教育には水先案内人である指導者がいります。指導者こそが、子ども自身が知らない可能性を見ながら、その可能性が広がるための道筋を見出していく務めをする人だからです。

だれもが他者を自己の夢実現のための手段とすることなく、自分自身の可能性を追求するべきことに気づき、そのために自学自習への道を進んでいく、こうしたことが可能になるならば、そうした人々がささえる社会は、やはりわたしたちのめざすべき社会だといっていいのではないでしょうか。

そういう人たちのなかに、子どもたちの可能性の発現のために、指導に邁進する人たちがいます。これがわたしたちの目指すべき指導者です。

ここで指導者（導き手）という言葉をつかうのは、子どもが自学自習する道筋を示す人であり、また、闘う人であり、ただ、教壇に立って講義を垂れる教育者の従来の姿との違いを知らせるためです。

教育の仕事にたずさわる人は、教育の行政官から現場の教師まで、じつに多いわけですが、しかし、その教育の仕事に子どもの可能性の追求という質（子ども自身による意味の解釈）を組み入れて見直せば、指導者という存在がどうしても不可欠になってきます。そして、その役の適任者の一人には、まちがいなく、お母さんがいます。

子どもにとって真に必要な指導者とは

こうした指導者に出会うことができた子どもは幸せです。

そうでない指導者に出会ったときのことを思い浮かべてみれば、この差は歴然です。できるとわかっていることを、子どもがよろこぶからといって、無意味にくり返しさせる人たち、また、自分の未熟な体験をいかにもプロだとばかり、受験教育のテクニックをひけらかす人たち、ここで述べる子どもの可能性を拓く指導者の反対側にいる人たちです。

受験に合格するという生徒の欲望を満足させるためなら、他人を引きずりおろしてもいいと考える人の仕事と、子どもにとって未知なる可能性を知らせる指導者との仕事には大きな、大きな隔たりが存在します。

子どもたちも知らなかった可能性を知らせ、親もまたそこまでは徹底できなかった自学自習のための指導を実践してくれる人がいれば、きっと、だれもがその指導にあたった人に深く感謝するにちがいありません。

重篤な病にかかった病人が治癒の可能性を示しえた医師に出会ったなら、その人は幸いです。なにかの身体的なハンディキャップを背負った人に、よけいな負担を強いることなく、ある可能性を示しえた人は、やはりその人にとって恩人にあたる人にちがいないでしょう。

教育に「可能性の追求」という冠をかぶせることは、けっして荒唐無稽な夢物語ではないのです。

これまでできなかったことに対して、きみならできるという言葉を熱心にかけつづけ、しかもその学習に細心の注意をはらった順番で学ぶことを可能にした指導者は、やはりどうあろうと、子どもにとってかけがえのない人になるはずです。

教育は能力開発のためか

可能性を切り拓く自学自習と能力開発をめざす教育との違い

ここまで、「できる領域」「できない領域」など、できる、できないという言葉を多くつかって述べてきたせいで、これは「可能性の追求=能力開発」の方法についての話だと思われた方がいらっしゃるかもしれません。

たしかにかつて、教育の世界だけでなく、さまざまな教育的な関係が生まれる場面で、「能力開発」という言葉がキャッチフレーズとして広がったことがあります。

とくに国の経済が上り調子で好景気にわいた高度成長時代にはさかんに唱えられました。経済界では、産業の発展を支える「人材開発」とか「マンパワー」とかいう言葉もよくつかわれました。しかし、この「能力開発」と、ここで述べようとしている「可能性の追求」は、焦点をあてる主体が異なり、ひいてはその拠って立つ教育観がちがいます。

「能力開発」には、前提とする社会や企業がまずさきにあって、あらかじめ「期待される人間像」が設定されます。そして、これに向けての働きかけという形で、いわば「上から下への教育」という性格をもちます。たとえば、一定の成果を得るために、この課題をとにかく乗り越えろと命じるような訓練法などもその一つです。

これにくらべて、「可能性の追求」の主体は子ども自身です。これ以外にはありません。子ども自身が自分の力で、みずからの可能性を内発的に切り拓いていきます。いわば、「下から上への教育」を表すのが、この「可能性の追求」という教育観の根底にある考え方です。

子どもの将来は子どもの所有物

この主体である子どもが拓かれた可能性をどこで、どのように発揮するかはわかりません。しかし、これを無責任というのは当たらないでしょう。将来の課題は子ども自身が所有するものであり、したがって、その解決の責もまた、子どもたちが背負うものだからです。

こうした問題を、かつての青年たち、すなわち、年をとって教育する側にまわっているわたしたちがいじりまわしたり、よけいな口出しをしたりすべきではないのです。そんなことをしたらかえって問題が見えにくくなり、当の子どもたちを混乱に招くばかりか、せっかく得た子どもたちの可能性を無為にしぼませることになってしまうでしょう。

自学自習は個人主義的な教育か

では、自習をさせることで、どんな効能があるのでしょうか。

自由なる個人が、他のさまざまな個人と有益な話し合いや協働をおこなうため、すなわち、ふつうの他者とともに生きていく、人間らしい人間の生活をして、社会の一員として主体的にはたらく人になるために、自習が必要になります。

そうすることで、学習者本人の可能性の追求は、さらに次元を変えた問題をさし出されることで、これまでにないダイナミックな成長をとげていきます。けっして、ある定まった課題を貫徹するだけのためではありません。

自学自習といえば、いかにも個人主義的な教育観に思われるかもしれませんが、それは自習というものの本来の性格を見そこなった見方でしょう。

自己の学習観を確立し、自己をリスペクトする個人だからこそ、他者の存在に対する畏敬と敬意が生まれます。自学自習こそ、自他協働の世界確立のための教育的営為そのものなのです。能力開発の教育では、なかった考え方です。

観察力を高める、作業力をつける、問題解決能力を育成する、こうした個別の能力の開発がそのまま子どもの可能性の伸長に結びつくわけではありません。

学校教育にこそ、個人別指導による自学自習を

こういう意味では、公教育機関にこそ、生徒一人一人の可能性の追求のための教育がおこなわれるべきです。

学校教育にしかできない集合教育や実作教育、また一斉授業にも、個人ごとにその可能性の追求をおこなったうえで、みずからの立ち位置を明確にさせつつある生徒たち自身を参画させることによって、これまでの常識では考えられなかった新たな意味と価値が生じます。

授業がおもしろくなれば、学校問題のいくつかは確実に解決していくでしょう。学校教育には公教育としての責務があることはだれもが承知しているところです。それでも、これに従順にしたがう生徒という見方をこえて、みずからの可能性の追求に邁進すべき生徒を創出していくだけの余裕を学校はもつべきではないでしょうか。

学校のテストや入学試験に我を忘れるような生徒ではなく、はるか高みに立って、公教育がめざすべき教育を貫いてなお、大きく世界に伸び広がるイメージをもつのが教育本来の姿だからです。

自学自習には教材が必要

学校教育と自学自習

こう考えてくれれば、自学自習力をつけることによって、子どもたちの可能性の伸長をはかる教育は、学校での集団教育をより生き生きとした、生徒一人一人にとって、意義のあるものにすることを要請します。自学自習を実現しようとするなら、こう考えるのが一つの正当な結論です。

学校生活に自学自習が発揮できることは、子どもたちの将来の成長に欠かせない一里塚になります。学校に定められた教育に従順にしたがうだけでは、自学自習はものになりません。与えられる教育からみずからが学ぶ教育に転換しなければならないのです。

「学習指導要領」は、本来的に国が保障する教育を受けさせる義務を示すものですが、残念ながら決定的に足りないものがあります。個人別指導が一人の教員に任され、コスト高などを理由に、制度的な十分な保障がなされてないことです。

たしかに国の教育行政は国民にひとしく教育を受けさせる義務を遂行するためのものです。しかし、そこには年齢別、学年別の境界が厳然としてあり、しかも、授業形式が教壇の上からする一斉授業の形をとるため、個人の能力特性、なかでも、一人一人がもつ可能性の追求については等閑に付される傾向にあります。これは政治的な要請をつねに受けざるをえない国の教育行政の限界でもあります。

オールタナティヴ教育の不徹底

最近では、公教育のこうした限界を察知して、とくにヨーロッパでのオールタナティヴ教育（既存の伝統的なるものとは異なる教授・学習方法）が脚光を浴びています。

個別指導（生徒の個性、生活環境、能力などを重視し、指導者と生徒が一対一の関係で特別支援教育や学習塾などで多くおこなう指導）の意義が認められつつありますが、いまだその実質は不徹底で、個人の性向や興味のあり方からその教育手法を個別に配慮しようという程度の内容にとどまっており、それも学齢が上がるにしたがって、従来型の教育に取って代わるのが実際のありさまです。

しかも、その最後に待つ進学指導や進路指導にコース別選択制を取り入れる教育制度の形は、能力開発がさかんにいわれた人材育成の色合いがむしろ濃く、生徒個々の可能性を追求する教育にはほど遠いものと言わざるをえません。

集合教育か個人別教育か

この問題は、学校教育か、個人別教育かという、あれかこれかの議論で終わらせるべきではないものです。

集合教育にもいい点があり、個人別教育にもいい点があります。いや、むしろお互いが刺激し合って、質を高めていくことさえできます。あくまで子ども一人一人の可能性をどのように広げていくかという観点をもって、子どもをとりまく教育環境をどうととのえるべきか、このあらたな課題意識のもと、二十一世紀の教育についての議論は展開していくべきです。

ここまで述べてきた点からも明らかなように、教育停滞の主たる要因は、個人別教育が学ぶ側の自由気ままで偶発的な学習意欲に翻弄され、しかも教える側のかってな恣意の教育に堕している点です。

自学自習できる教材を

そこでもとにもどって言及しますが、忘れてならないポイントになるのが、指導者の存在と同じ重さで大切になる、可能性の伸長を生徒一人一人に保障する自学自習に不可欠な教材の存在です。

なぜなら、これまで先人たちがきずいてきた諸文化の継承を、何の恣意もなく、自学自習しやすい順番に並べられた教材は、自習に目覚めた子どもたちにとって、大きな支えになるにちがいないからです。

教えたらわかる子がいます。教えてもわからない子もいます。このほかに、教えられなくてもわかる子がいるのです。人から教えられなくても自分一人で学べる教材、これが自学自習をはぐくむ場に必要であった指導者の存在につぐ、第二の必要条件になります。

自習できるための教材というだけなら、なんでもいいのか。そうはいきません。

世の中には、サプリメントな教材や、ただ訓練として使われるワークシート、受験を目的した模擬テストなどさまざまありますが、ここで必要とされる教材は、子どもが学ぶにふさわしい人間文化をもっとも効果的に身につけることができ、かつ、教育の主体である学ぶ生徒が、自学自習という最終形への道筋に立つことのできる教材です。

自学自習を成り立たせる教材は、たんなる練習帳ではありません。また、学校の授業を先取りするだけのワークシートでもありません。

自学自習教材は子どもに合わせた教材ではない

さきに進むか進まないかだけの直線的なイメージによる教材ではなく、むしろ学習者である生徒がみずからの学習のみずからにおける意味を発見できる教材でなければなりません。そうでなければ、学習者は問題解答機械になってしまいます。

もちろん生徒は機械などではありません。自分自身の学習の意味を自分自身でふりかえり、今後どのようにみずからの可能性を広げていくかを考える人間です。

さきに述べたオールタナティヴ教育では、生徒の能力や適性に合わせて、この教材や指導法を画一的にしない方法がとられています。生徒一人一人にあったワークシートや絵本、参考書、ＰＣなど、さまざまな教具を適宜、生徒に合わせて使っていくようにしています。

しかし、これらの教材は文字どおり、指導者の指導目標を実現するための材料です。教科書についていくことのできない生徒のための便宜的教材という性格は否めません。したがって、この教材には生徒の能力や適性、興味関心にぴったり合った材料を提供するというイメージはありますが、子どもの可能性というものを、子どももまだ知らない未知の世界にあるものとして、一定の質の高い教材を並べたものにはなっていないのです。めざすのが自学自習であるなど念頭にはなく、ただ教える側がさし出した個別の指導目標に生徒を対応しやすくするためのものでしかありません。

そんなことを言っていたら個別指導などできないのではないか、という声がすぐにあがってきそうですが、冷静にお考えいただきたい。

そう考えるのは、やはり学年別、年齢別の教育課程が前提としてあって、これを個別に教育するためには、学年相応にくらべて能力の低い生徒には基礎的な内容の多い教材を、集中力のともなわない、学習の適性に欠ける生徒には、できるだけ画一的な、訓練内容の多い教材だけにして、その指導法もまた、よりやさしいものにしなければならない、と考えてしまうからです。

教育の最終形である自学自習など、どっかに消えてしまっています。この問題の解決の方法はかんたんなこと、子どもの学年にむりに合わせようとするのではなく、小５であっても、それが学びやすいのなら、小2にすれば、いいだけです。

子どもは、たしかに教育の主体ですが、その欲望を気ままに放出させるだけでは、その可能性がどこに潜んでいるかは見えません。だから、その欲望に沿うだけの、またその興味関心を満足させるだけの教材では不足なのです。

必要なのは、どんな子どもにも学校での教育内容を保障するための教育ではなく、むしろ、子どもたちの可能性がこうした既成の教育を乗り越えていく可能性追求の教育なのです。

読み書き計算は自学自習のための基礎学力か

では、その自学自習に必要な教材とは、どのようなものでしょうか。

学習の基本として、しばしばいわれる「読み書き計算」なども、同じ理由から、これを基礎学力であるとするのは早計です。以前なら「読み書きそろばん」といわれた、いわば三種の神器も元をただせば、手習いをはじめとする生活上の要請（比較的めぐまれた階級にいる者だけに可能になる要請）から生まれたものです。けっして子どもの可能性の伸長が念頭にあって出てきたものではありません。

これを基礎学力であるというのは、ただ経験的な思い込みにすぎず、「読み書き計算」が「鍛える」というしつけ的イメージをあわせもつものであるため、そう錯覚しただけです。

可能性の伸長をめざす教育は、近代教育以前の手習いとも、また軍事教練ともちがいます。「読み書き計算」が話題にのぼると、これに呼応するように、いや基礎学力は思考力であるとか、いや概念の認識であるとか、議論百出、それでは足りないといった意見がえんえんとつづきます。しかし、いずれも教育の最終形が自学自習であることを忘れた議論と言わざるをえません。

学習指導要領を補完する教材

だいじなのは、あまりにも結論が常識的で、気が引けるほどですが、教材が「学習指導要領」を補完するものであるという点です（たしかに常識的ですが、多くのお父さんお母さんは納得して、膝を打たれると思います）。

補完する教材とは、くり返しますが、もちろん生徒の自学自習がより多くの生徒に実現できるための教材という意味です。生徒自身が学習指導要領の内容を乗り越えるためのものです。受験だけに的をしぼった速習法的、キワモノ的な教材のことでは残念ながらありません。

「学習指導要領」に記述されていないものとしては、生徒の個人差にかかわるものがほとんどです。それらを精選してみると、自学自習のための教材としては、以下のことを考慮したものになるでしょう。（1）基礎内容の練習不足、（2）教材を自習ですすめれば、おのずと習得できる内容の削除（学年別にスパイラルな教科書ではこれがあまりに多い）、（3）教材のさきにならぶ内容の学習が既習部分の補習になる順番性など。

補完と一口にいっても、実際の学習場面に学んでしか自学自習の教材は作れません。

自学自習できるような教材にするという発想ではなく、生徒を自学自習に向かわせるための教材が必要なのです。学習塾などでしばしば宣伝文句にする「これさえやれば大丈夫」式の思いつきなどでは自習教材を作ることはできません。

たとえば数学の計算力などは、その練習量を個人別に過不足なくするものとして重要だし、学習指導要領にもっとも欠けているものですが、しかし、だからといって、学習指導要領が示す領域の広さを、たとえば「百マス計算」などに代表される計算力だけでカバーして、数学における自学自習力を実現するとまでいうのは、どう考えても、我田引水、大ぶろしきの議論です。

こうした信仰にちかい独断のほころびをおおい隠すため、途中では止められず、くり返し訓練の必要性をつねに言いつのることになり、ついには子どもの内発的な学習の動機づけのチャンスをうばってしまうことはけっしてめずらしくありません（じっさい百マス計算を導入したクラスでは、チック症状などの精神障害が増えたという報告まであります）。

自学自習の成否をまえもって教材が決め打ちするのではなく、じっさいの生徒の学習実態がどうか、また、その生徒を自学自習にみちびく指導者の指導法の進化がどういう段階にあるかによって教材は準備されなければなりません。まさに教材と指導とは一体のものであり、双方の切磋琢磨によって、自学自習への道をさらに駆け登っていくことになるのです。

学年を越える価値

「学習指導要領」を生徒の自学自習という実践によって補完する教材ができていけば、5年生が2年生の教材をしてもいいし、小学3年生が中学生の教材をしてもいいのです。ここではじめて生徒一人一人の能力に応じた学習が成り立ちます。

その生徒の能力に合った教材とそれにふさわしい指導をおこなうことによって、次なる学習課題において自習力をさらに向上させる教材が準備されていれば、完璧とはいえませんが、それは自学自習をささえる教材であるということができるでしょう。

しかも、一人一人の生徒にもっとも適切な教材を与えるという指導法によって、5年生が2年生の教材から学習しても、半年後には3年生の教材を終え、4年生の教材に入り、1年後には5年生の教材を終えて、6年生の教材を学んでいくことさえ可能になるのです。この生徒は2年目になれば6年生ですが、教材は中学2年生の教材を学習しています。

教材制作者はみずからの学習経験にヒントを得ようとして自己満足の教材をつくる喜びに浸ろうとするのではなく、子どもたちが教材の進度に応じて、その自学自習力をあげていく学習の実際場面から学ぶことになります。

かんたんにいえば、何が足りなくて、教科書が思うように自習していけないかという問題に焦点を当てて教材を制作していくのです。目的は、あくまで、子どもたちがいかに自学自習していくことができるかという点です。学校の勉強も、また、それに必要な家庭学習も、子どもがみずからで学んでいけるようになれば、教育の最終形である自学自習への道に、大きな一里塚を立てることになるでしょう。求められているのは、「基礎－応用」という図式を満足させる教材ではなくて、「基礎－自学自習」という、生徒自身が生き生きと学ぶ（生きる）ために不可欠な教材なのです。

教材の制作と指導者の実践

自学自習の最終形を求めていま、わたしたちは、子どもたちの自学自習にみちびくための指導者と教材の必要性にまでたどりつきました。

教材、そして、指導、じつにシンプルな教育ではないでしょうか。シンプルという言葉をここに使うのは、教育にたずさわる多くの人の経験と英知が、いわば、一つのチームの総合力のように集中できる姿を暗示することになるからです。

公教育のなかにこそ自学自習のための教育を実践すべきです。そして、そのために、そこでの実践に裏打ちされた、多くの知恵と経験をあつめて、教材の制作と改訂作業をできるようにしていかなければなりません。自学自習を指導する人たちの英知が教材には不可欠だからです。

教育改革の意義

しばしば教育改革という言葉が飛び交います。

だれもが今の教育に不満をもって、こうあるべきだという意見を出して、結局のところ、どれが効率的かといった論点にしぼんで、それ以上の進展がありません。国家を護持する教育、組織を守る教育、政治主導経済主導の教育など、うるさいほどです。

しかし、こうした改革が教室現場にまで届いたことなど、これまで一度もなかったのです。子どもの可能性の尊厳をだれも信じようとしなかったからです。

わたしたちは子どもたちの可能性を信じます。そして、多くの人の力を得て、その指導法の改善と教材の改訂を、勇気をもって推進し、子どもたちが自学自習できる教育をめざしていくべきだと考えています。

2 「ちょうどの学習」が教育にはもっとも大切

■子どもに必要な「ちょうどの学習」の場

子どもの能力に「ちょうど」のことを与える教育

子どもの学習には、それぞれの能力に応じた「ちょうど」のことが与えられるべきです。この能力に応じた「ちょうど」が与えられれば、子どもたちはみずからの可能性を追求していく機会をもつことができます。

さきに、「Aをさせようと思って、Aについて言えば言うほど、Aからはなれていく。この悪循環から解放するためには、Aを言うことをしばらく禁じて、Aになるように、生徒が立つ場そのものに、Bという働きかけをおこなってみる」と述べました。Aを与えるということは、この「Aになるような場」、すなわち、生徒の可能性を広げる「ちょうどの学習」の場を用意することです。もし、こうした場が用意されることなく、Aをしなさい、Aになりなさいと言いつづければ、いくらAが自学自習であっても、その成果はむしろ逆に振れてしまいます。

できなかったことができるようになるためには、生徒一人一人に、学習をその生徒にもっともふさわしい固有の場でさせる必要があります。とくに遅れた生徒、また、障害をもった生徒は、なおのことです。

この生徒に固有の場を保障するのが「ちょうどの学習」の場なのです。それぞれの生徒にそれぞれの「ちょうどの学習」の場が必要になる、自学自習を指導するさいの、これは鉄則です。

個人別指導によって出現する学びの世界

生徒一人一人に固有の場であるということは、それぞれ生徒の可能性が一様ではなく、一人一人で異なるものだからです。これまでの生育歴もちがえば、能力も性格もちがう子どもたちです。まして、それぞれが生きる日常の生活環境は千差万別、しかも、一人一人の生徒の可能性は、何かの基準でもって測ることのできない、それこそ生徒に固有の性質をもつものです。

したがって、「ちょうどの学習」とは、個人別指導をもって対しなければ、成り立たないものです。しかし、また一方で、こうした生徒の個人別指導が成り立つ場をつくり出すことができれば、この「ちょうどの学習」の場は、一見、それぞれの個人が無規律に並び立つアモルファス（原子や分子が不規則に密集している状態）のように見えたとしても、それでも、多くの個人がその個別性を維持したまま、おたがいに刺激し合って、ゆたかで多様な可能性の横溢した、力に満ちあふれた学習の場になっていくにちがいありません。これまでの旧来の教育では想像もできなかった豊穣なる学びの世界の出現です（さきに述べた個別指導とここでの個人別指導はまったくの別物です）。

たとえて言えば、生徒の一人一人は、この大地のあらゆるところに、その種子や根さえあれば、どこからでもその生命を輝き出す雑草のようなものです。その雑草が生きる命の水と肥沃なる大地を用意することで、生きる存在の証明である、自学自習をめざす教育がおのずと成り立つ必要条件がととのいます。

なぜ勉強ぎらいが生まれるのか

平均的で模範的な生徒を基準にした集合教育では、個人別指導は不可能なのではないでしょうか。とくに一斉授業でおこなわれる学校の授業に、この「ちょうどの学習」を求めるのはきわめてむずかしいはずです。「自分ひとりではできないけれど、だれかに導かれることで、一人でできるようになる経験」を得ることも残念ながらできないでしょう。

もともと学校の授業は、形はさまざまであっても（最近では「学び合い」のグループ学習などもおこなわれていますが、これもさきに述べたオールタナティヴ教育の亜種であることに変わりはありません）、基本的には、その教室を統括する先生がもとめる斉一的な学習空間を前提に進められています。

ここでの集団の教育は、アモルファスな状態とは反対に、整序されてはいても固定化した形式の教育におちいりやすく、生徒一人一人の可能性を見出すための機縁は失いがちですから、授業が生徒にとって、「ちょうどの学習」になっているか、そうでないかを見極めることはとても困難です。「教え合い、学び合い」とて同じこと、メンバーの生徒の「ちょうどの学習」が達成できているかどうかなど、考えのなかにはありません。これでは生徒が勉強ぎらいになってもおかしくはないでしょう。いや勉強ぎらいになっているかどうかさえ、わからないのです。

子どもが勉強ぎらいになるのは、能力に「ちょうど」のことが与えられていないからです。ところが、これまでの旧態依然の教育では、その「ちょうどの学習」ができているのか、そうでないかさえつかめなかったのです。

どうしても出る例外生徒

むしろ一斉授業のやり方では勉強ぎらいが出るのはすでに折り込み済みのフシがあります。そうした不条理をあまり理不尽なことと思わない空気が先生方にも生徒にも保護者にもあります。

ふつうなら、どんなにすぐれた授業の方法であっても、これについていけない生徒、つまり、例外の生徒は出るものです。それが出ないかのように授業がたんたんと進んでいくということは、その教室内でついていくことのできない生徒がいても気づかないか、または気づこうとしないからでしょう。

もしそうした生徒が出た場合、先生は言います。お母さん、毎日の家庭学習の習慣に気をつけましょう。弱点になる部分をおぎなうような家庭での勉強をお願いします、読書の習慣をつけましょう、などなど。学校でできないのは、家庭のせいのような口ぶりです。もし、なにか問題が起こった場合でも、自分たちの責任を棚上げして、家庭にその責を負わせる裁判所のような役割を強いる働きをするのが、「制度としての学校」の宿命ではないでしょうか。

学校は試験の範囲を教えるだけのところ、という言い方は、皮肉たっぷりですが、あながち、不穏当な言ではありません（学校の授業の補習をする塾が繁盛するのもうなずけます）。

能力に差があるのは何ともしがたいことなので、そのかぎりで、そうした生徒には別途、授業後に個別フォローすればいいとタカをくくっているのかもしれません。課外にあっても生徒の学習につきあう献身的な先生方がいることは知っています。しかし、そうした授業外のご苦労があるにもかかわらず、やはり例外生徒は出てしまうのです。とくに能力の高い生徒の例外はめだたないけれども重大です。もちろんこれはひとり先生のせいではなく、教育の方法そのものの問題です。いまのままの一斉式の授業だけにたよっていては、いつまでたっても、例外生徒に合った教育をすることはできません。

例外生徒が出たなら、これを当たり前のこととせずに、そこに何らかの問題性を意識することで、新しい指導の道が開けていきます。問題のないところ、指導に成長発展の可能性はないのです。

例外生徒を見つけ出す「ちょうどの学習」の場

例外生徒が出ても認めないという教育の形から思い切って抜け出て、例外生徒が出たならば、こちらの教育方法の不備を知る絶好のチャンスだと思って、すぐさま授業のやり方や指導の方法を変えていくのがふつうだとだれもが思うはずですが、これができません。例外生徒の立場に身を置くことが、それまでの指導にたんなる修正を要請するだけのものではなく、指導者の指導姿勢そのものを問う根本的なものだからです。

目標とした到達レベルに達したか、そうでなかったかという直線方向だけの見方から、学習者自身にとっていまのこの学習がどのような意味を与えているのかという、いわば、到達度という直線方向だけの見方に対して、これと垂直にまじわる、生徒自身の学習の質に焦点をあてる必要があるのです。

学習に意味を見出すも見出さないも、すべて学習者の側がする主体的な行為です。到達点だけに視野をしぼることなく、「意味を見出す⇕絶望に陥る」という学習者の側からする、あらたな垂直軸をからませることによって、その学習がはじめて、「ちょうどの学習」かそうでないかの判断がくだせます。

一人一人の生徒に意義のある学習であることを知らせる教育の場をつくりだすことなく、この例外生徒を見出し、その指導を実践していく道はありません。生徒は授業のためにあるのでも、学校のためにあるのでもありません。生徒のほうが主体です。そのための教育を確立していく必要があるのです。

ところで、では、こうした「ちょうどの学習」の場はどのようにつくるべきなのか、これが生徒の自学自習を実現していこうとするわたしたちにとってのこれからの課題です。

個人別教育、その発展の歩み

例外生徒の一人一人が問いかける課題

例外生徒のみならず、生徒一人一人の可能性を伸ばす「ちょうどの学習」の場とは、どのような場なのでしょうか。

じつは、「ちょうどの学習」が自学自習への道に直結する、必要不可欠なものであるという地点にたどりついたのは、学習が困難になっている例外生徒を指導するなかからのことでした。

どうして例外生徒が出てきたのか、何がいけなくて、この生徒たちはうまく学習に入れなかったのか。例外生徒を真正面に見すえて、これの改善に取り組むということは、これまでの指導の根本的な自己批判をするということです（多くの場合、こうした例外には目をつぶるものですが）。これでいいと考えていた指導法にあてはまらない生徒が登場したのです。指導を微修正して済む問題ではありません。

こうした例外生徒の一人一人が問いかける課題に、大きな痛みをともないつつ、一つ一つの実践をとおして、その克服を試みた結果、到達したのが、この「ちょうどの学習」という考え方でした。わたしたちのまえに新たに登場した例外生徒をこれからさきはもう出ないようにする指導活動が、じょじょに「ちょうどの学習」に必要となる場の正体を明らかにしたのです。

「ちょうどの学習」が何なのか、これを明らかにするため、これまでにたどってきた指導改善の経緯について、以下に語らねばなりません。

できなくなる悪循環

どうも成績が思わしくない、成果が出ないから、授業でも消極的になり、知らず知らずに性格まで引っ込み思案になったり、逆にまわりからクラスの人気者に仕立てられたり、勉強そっちのけで、むやみにとっぴな行動をとらされる役の生徒まで出現する始末になったのは、なぜだったのでしょう。

しかし、じっさいには、できない生徒はじょじょにではありますが、「できるけれども、したくない」→「できるけれども、やらない」→「できると思っていたが、できない」、そして、「ほんとうにできなくなる→やろうとさえしなくなる」という順に成績の下降線をたどっていきます。

では、ほんとうにわからなくなっている生徒、できなくなっている生徒には、自学自習への道筋を、改めて描き出すことはできないのでしょうか。その可能性はまったくないのでしょうか。そんなことはありません。どんな子どもにだって、学ぶ可能性がないことはないからです。

この生徒の可能性を拓く道筋は見えたか

いかにできなくなっている生徒だといっても、ふつふつとたぎる何かが心のおくにひそんでいるものです。したくないという強い拒絶があるのは、反面、形にはできないながら、その生徒に深いなんらかの欲望があるからでしょう。

その証拠に、ある一定の仕事をしつづける力（作業力）はあります。高いレベルではむずかしくても、ものごとを理解する力（理解力）もあります。また、いまはカケラも見えないけれど、学習態度そのものを少しずつ形成していく力（学習態度形成力）もないわけではありません。可能性がまったく消えたわけではないのです。

だったら、この生徒に今後の可能性があることをどのように知らせるべきなのかという、これまでとはちがう逆方向の視点に立って、作業力、理解力、学習態度形成力など、これをしるしにして学習状況を見直してみれば、取っ掛かりはあるのですから、この生徒の可能性伸長のための突破口は見出せるはずです。

この生徒は学力が低い、理解する力がよわい、学ぶ態度がなっていないと、決められた定点的なテストや到達度などでかってに断罪するのではなく、ここを学び直せば学習の道筋がえがける、可能性が見える、そうした地点をまず見出す努力をしたらどうでしょう。

たしかに学年相当、年齢相当の学習からは大きく遅れてはいますが、確実にできる領域はあります。そして、そのどこから手をつけるべきかを探っていくと、その生徒の学力向上への突破口がおのずと現れ出ます。活路はどの生徒にもあるのです。

たとえ学習の出発点が現在のじっさいの学年より大きく下がった地点であっても、可能性を伸長する地点がそこからしかないのなら、そこを学習の開始点にして自学自習のために必要とする準備をととのえていくべきです。基礎学力がないために、自学自習に支障をきたしているときは、基礎から固め始めればいいのです（低い学年の学習であっても、それが「ちょうど」なら自習力は高まります）。

自学自習を求める教育は、学年別や年齢別などの垣根のない個人別教育ですから、どんな生徒であっても、あきらめることなどなく、投げ出すことはありませんし、じっさい基礎学力をどの子にもつけることは不可能ではありません。

これから述べる例外生徒に立ち向かいつつなされた指導改善の歴史は、したがって、まずは生徒一人一人に基礎学力を固めるという指導からその第一歩をふみ出します。

①自学自習のための基礎学力

基礎学力が足りない

一人一人の子どもの可能性を追求するために、自学自習への道を求めていこうとすれば、そこにいたるまでの一定の学習が必要になるわけで、その学習をささえるに必要な力は、学力であれ、学ぶ意志・意欲であれ、５分間でも机に向かう力であれ、広い意味で基礎学力です。

勉強がおもしろくない、学校へ行きたくない、自分から勉強しようという気にならない、こうした生徒たちのじっさいの学習の状態を調べてみてください。勉強ははじめからおもしろくなかったのか、この子は生まれつき勉強がきらいだったのか。そんなことはなかったはずです（1年のときどうだったか、３歳のときは…）。

生来の勉強ぎらいだと決めつけるのではなく、まずはその元になる基礎学力がどうだったのか、具体的にここに視点を移して、子どもの学力の実態をじっくりと見ていきます。実態を見なければ、指導の方法も見えません。

基礎学力に重大な欠陥のあることがだれの目にも疑えないことなら、勉強をしなさい、遊んでばかりいてはだめと、非難だけ口にするのではなく、その前に基礎学力をきちっととととのえていけば、活路が見える例はけっして少なくありません。生徒そのものを撃つのではなく、生徒のまえにそびえたつ壁をくずすのです。

基礎学力をつけただけで学校へ通うのが楽しくなる子どもがいる、これは、裏を返して見れば、これまでは基礎学力がつけられないまま、学校での授業を受けていたということです。興味や関心もないまま、先生の説明やお話がつづいていくわけですが、そうした授業がこの生徒には苦痛でしかなかったことは容易に想像ができます。意欲が減退するのも無理ありません。

学校では全員が理解できたことを確認してさきに進むということができにくいのです。基礎学力をつけられなかったのが生徒本人の責任である場合はもちろん多いのですが、なかには、授業のなかで教科書のあるところを軽くあつかったり、飛ばしたり、未学習のまま放置することもあります。こうした授業の手抜きをもろにかぶった生徒が勉強に関心を失うのは当然といえば当然です。だったら、元にもどって地道に基礎学力の学習をおこなうことだけで、成果がすぐに出るということも、けっしてありえないことではありません。

まずは生徒個々の基礎学力がどうかを調べる、そして、不足があればおぎなう、これが「自学自習への道」の第一歩です。基礎学力不足という障害（壁）を取り除くことがすべての始まりです。

②学習態度の向上

基礎学力をつけたのに学習態度がわるい

生徒の自学自習を阻害する原因が基礎学力の不足にあるのは明白です。ところが、ここで意外な事実に出くわします。この基礎学力をどの生徒にも同じようにきちっとつけたはずなのに、うまく学校の勉強にのれる生徒と、意外にものれない生徒が出てくるのです。これが最初に出会ったわたしたちの試練でした。

基礎学力は言われたとおりにつけたのに、どうしたものか、勉強に対する向かい方がくずれたままで、学習態度のよくない生徒がいます。集中力が切れたり、勉強への関心を維持したりすることができないのです。こうした学習態度の崩れは生活態度にもあらわれます。学校に行くことは行っても、何のために学校へ行くのか、何のために勉強しなければならないのか、それがつかめない生徒たちです。

まさに例外生徒の登場です。指導の決め手と考えついた基礎学力をつけたにもかかわらず、学習態度が改善しない生徒があらわれたのです。基礎学力をつければうまくいく生徒はたしかにいるのですが、同じようにしてもまったく反対の事例があらわれました。同じ基礎学力をつけても、子どもによって、その成果に違いが出てくるのです。

しかし、考えてみれば、不思議なことではありません。能力のもともと高い生徒は基礎学力を少しととのえただけで成果ははっきりと出ますが、能力がそれほどでもない生徒にはそれでは足りなかったからなのです。

パッケージ化された基礎学力などない

ここで次のことが明らかになります。基礎学力というもの、なにか箱に入れて持ち運べるものといった定形的なイメージでとらえる場合が多いのですが、こうした実体的な基礎学力などはもともと存在しなかったということです。

まず、生徒のほうにその能力の違いがあります。そして、その生徒にとって自学自習はまた、個人別にしか成り立ちません。したがって、生徒一人一人にふさわしい自学自習の道にのるための基礎学力というものにも、それぞれ一人一人に違いがあるということです。

自学自習への準備が生徒一人一人で異なるように、基礎学力もまた、その程度の差は個人別なのでした。予想外の帰結です。

学年を越えた基礎学力

基礎学力をつけたのに、学習が改善しない生徒には、学年を越えた分にまでその基礎学力を伸ばす必要がある――これが指導改善の一つの方法でした。

こうした生徒には、学年を越えてもなお自学自習できる学習態度をやしなうべきだったのです。学力、学力とばかり言うな、という声が聞こえてきそうですが、まちがえてほしくないのは、ここでいう基礎学力とは、耳慣れない意味合いですが、みずから学ぶために必要な土台づくり、すなわち、自学自習のための基礎学力のことです。当然ながら、その基礎学力は自分の学習のもとになるものですから、個人別にならざるをえず、能力の低い生徒ほど、指導者が生徒の学習をその生徒によりそって、その土台づくりに指導をくわえていく必要が生じるものです。

なぜ指導に注意がいるのかといえば、学年相応の基礎学力がついてもなお、学習態度が改善しない生徒には、学年を越えても学習を止めずに、自学自習力がさらにつくようになるまで、学年以上の基礎学力の習得を指導していく、ある意味では少々、意外の方法だからです。

「学年を越えた基礎学力」、この言い方自体に首をかしげる方がいるかもしれません。しかし、もともと、生徒の能力は年齢や学年で決めたものではないのですから、生徒一人一人に必要な基礎学力を求めていけば、学年を越えてまでも、その基礎学力を高める必要のある生徒がいても、なにも不思議はありません。

「能力の低い生徒ほど、教材をさきに進める」

基礎学力をつけるということなら、教科書をしっかりやる、4年生なら3年生の教科書を復習する、6年生なら5年生までの問題集をやる、いまやっている教科書のまえにもどって復習したり、問題をくり返し解いたりする、こうした訓練が基礎学力をつけることだと思いこんでいた人たちには、ほとんど信じられないことが、ここで起こります。

それは、「能力の低い生徒ほど、教材をさきに進める」という指導があるという事実です。

この言葉は逆説でもなんでもありません。この指導が、意外にも、自学自習力をささえる学習態度の養成に効果があると知って、多くの人はおどろきます。にわかには信じられない、いや、認めがたいことですが、じっさいにこの指導法で、能力の低かった生徒がじつに多くの成果を得ていくのでした。学校での学習態度も改まり、成績まで上がっていくのです。

なぜこうなるのか。これは基礎学力が自学自習力のためにあるものであり、学年を越えた基礎学力を習得することで、生徒の自学自習力がいっそう高く向上していくからなのです。

さきに進めることで生徒の可能性が拓かれる

学習をさきに進めるといっても、ただやみくもに進めても、できるはずはありませんし、効果も出ません。さきに進めるということは、生徒がいまだ知らない自分の可能性をじょじょに実現していく過程でもあり、子どもの能力の向上に則したものにするということです。

しかも自学自習が条件です。生徒の可能性を見とどけ、信頼し、そして、指導者としての本分である可能性への挑戦をし、生徒とともに闘おうとするならば、「能力の低い生徒ほど、教材をさきに進める」という指導が実現します。

すると、あれほど難物だった生徒の学習態度が変わっていきます。指導者のこの挑戦欲に歩調を合わせるかのように、生徒は自学自習で教材をさきに進めていくことができ、能力自体を上げていくのです。

こうして、できなかった生徒は、文字どおり、作業力も、学習態度における形成力もみごとに改善します。改善するだけではありません。教材をさきに進めれば進めるほど、成績も、結果的には安定していくのでした。基礎学力が体の芯まで浸透してきたのです。

幼児でも高校の教材ができる

基礎学力を年齢や学年にとらわれることなく、個人別に進めた結果、高校で学ぶ教材を小学生や幼児のうちに学習する者まで出てきます。これまでの年齢別学年別の教育になじんだ人には、目くじらを立てるような事実がじっさいに起きました。

子どもの可能性は想像以上のものです。おどろくのは、しかし、生徒事例だけではありません。こうした生徒を指導した人がめざましいほどの意識改革をしていくことでした。幼児にできるのなら、小学生、いや、中学生のできなくなった子どもの指導など、たいしたことではない、と思えるようになっていったのです。

幼児で高校生がもつ基礎学力をつけることがほんとうに可能なのかと不審に思われる方がいらっしゃっても不思議はありませんが、しかし、じっさいここまで進んだ幼児の能力の高さが舌を巻くほどのものであったことは事実です。集中力や忍耐力、記憶力のよさといった学習そのものに必須の基本能力がきわだって高くなっていることに、その幼児をお持ちのお父さんお母さんがまず仰天します。

さきにも述べたとおり、過去に「能力開発」の時代がありましたが、しかし、ここで述べる学年を越えた自学自習の学習は、経済界が求める「期待される人間像」といったものとはおよそ似て非なるものです。子どもの可能性を伸ばすという個人別教育本来の活動から生じてきたものだからです。

いつの世の中でも社会に役立つ人材育成をと声高にさけぶ人はいます。しかし、幼児たちがここで示したのは、むしろ、そうした「期待される人間像」といった大人のフレームそのものを突きぬけるものです。子ども一人一人の可能性を伸び広げる教育は、社会のリーダーたちが望む以上のたくましい生徒たちを創出していたのでした。

③旺盛なる学習意欲

教材をさきに進めば進むほど、学習意欲が減退していく生徒

ところが、です。こうしたさなか、またしても、例外生徒があらわれました。例外生徒は思わぬときに出現します。

学年を越えた教材を学習している生徒のなかで、教材進度に見合った能力を存分に教材学習に発揮できる生徒がいる一方で、そうでない生徒、つまり、教材が進んでも一向に、本来、示すはずの学習効果に変化があらわれない、そればかりか、教材が進むにつれて、今度はむしろ肝心かなめの学習意欲に減退を見せる生徒たちが出てきたのです。

学年を越えるほど十分に基礎学力や学習態度をつけたのに、肝心の学習意欲が減退する、あってはならないことが起こっていました。

これはどうしたことでしょう。やはり、学年を越えて進むのは無理な指導だったのでしょうか。学年相当の基礎学力だけに学習をおさえていればよかったのでしょうか。

しかし、元にもどったとしても、それでは問題は解決しません。じっさいに学習態度が改善された生徒は多くいたのです。それでも、教材が進めば進むほど、自習意欲が減退します。お母さん方も、なにもそんなに進めなくてもいいのではないかと不安がっていました。

原因はこうでした。子どもたちの可能性を伸ばすといいながら、めざすべき教材の進度を絶対的な目標値として固定化していた、これがいけなかったのです。一人一人の可能性だけでなく、同じ生徒であっても、子どもたちの可能性は日々変貌を遂げていることに気づくことができませんでした。

世間では幼児が方程式を解いたり、小学生が微積分まで学んだりする事例が、なにかキワモノ的な子ども超人ショウのように注目され、あおりたてられ、はたまた、この成果を否定する批判の視線が容赦なく飛んできたりしました。

その生徒の指導でめざした意図などは、だれも理解しようとしません。指導者たちは方程式や微積分を解くことに執心したというより、その子どもの現在の基本能力を高めて、生徒の可能性を拓くための準備を日々、しておきたいと考えていただけなのでした。

一部のマスコミや評論家が、この指導する側の真意を理解しようともせず、その欠点だけを針小棒大にふれ回って非難の目を向けたのです。

しかし、世の中の批判のほうがむしろ正しい生徒事例が少なからずあったことも、また事実です。悲しむべきことでした。なぜなら、個人別指導に徹して、自学自習で教材を進めるという、これまでにない基礎学力向上の指導の方法までもが、無用なものと捨てられてしまう危機に直面したからです。

振り返ってみれば、例外生徒が出ても、当然だったのかもしれません。もちろん、自分の年齢を大きく越えた教材を、そのとおり自学自習できている生徒もいました。とくに能力のすぐれた生徒たちです。しかし、一方では、伸ばしきれなくて、進度はたしかに学年を何学年分もさきに進んでいるのに、自学自習の学習姿勢には特段の変化が見られない生徒が出現してきていました。これは可能性追求の教育からすれば、捨てておけない重大な意味をもつ例外生徒たちです。

能力の変化=能力開発の真の意味

なにかこれまでのわたしたちには知ることのできない問題が、生徒の学習の過程で起こっているのではないのだろうか。これを見逃してはいなかったか。その学習中に起こっていた出来事が何かをわたしたちに指し示してくれたのが、やはり、この例外生徒の存在でした。

できる生徒たちはなんの問題もなく学習が進むのです。むしろこうした生徒のほうが数として多かったわけで、そのため、問題は表面化しないで、かくれたままです。しかし、例外生徒たちはこれが自分を苦しめているものだと大声で叫んでいました。だから、わたしたちはその原因を追い求めて、その克服の方法をさらに考えていくことができたのです。

では、なぜ、教材をさきに進めるほど、学習意欲が下がり、生徒の自習力はくずれていったのでしょうか。

じつは学習がさきに進めば進むほど、その生徒の能力は変化しているはずなのに、指導する側がその変化をつかみ切れずに、これまでの能力のままの指導をくり返した、ここに原因がありました。つまり、学習の最初にはその生徒の能力をある程度、判定して、学習計画を立て、1年後にはここ、2年後にはあそこというように、教材の進み具合を予測するわけですが、その予測した教材の進度を知らず知らずのあいだに絶対化し、そして目的化してしまったのです。

生徒の学習が進んでも、能力は学習の開始時と同じだと思いこんだり、この子はまだ小学生だと見くびったりして、さらに作業量を確保しなければと考えたり、むやみにムダな復習をくり返すだけで、そこに自学自習に必要な指導をおこなうこともないために、かえって生徒自身がその能力にふさわしい学習をもって未知なるものに挑戦するという機会をうばっていたのです。

低い教材を使っての鍛錬が第一、教材の枚数を一定量以上こなすことが大事だという無意識のこだわりが指導者の側にありました。教材の学習枚数を守らせなければならないという暗黙の前提が、生徒の現状での学力の実態を身誤らせました。

もちろん、「鍛錬→教材枚数の維持→自学自習」という思い込みは、根拠のない幻想です。こんなに高い教材を、この年齢の生徒がやるのだから、むずかしいにちがいない、もっと何回もくり返さないと、生徒がかわいそう、このままだとできなくなるなどと、よけいな気配りをしてしまって、教材の進度にあわせて生徒の能力が向上しているわけだから、その能力にふさわしい自学自習力の向上を真正面にとらえた指導をしなければならなかったのに、これができなかったのです。

（思えば、難所をらくに通過させてあげたいという指導者心が、かえって仇になる好例だったのかもしれません。教材のさきを挑戦させる指導を実践しないで、逆に前を押さえる、それ以前の教材の復習を重ねるという、本来の可能性追求の指導ではない、まったく逆行するくり返し指導に多くの指導者がからめとられていた、これが言い過ぎではない印象です。その学習が必要かどうかは、さきの教材が自学自習で進めるかどうかで判断しなければならなかったのに、そうした子どもの能力にもっともふさわしい指導ができなかった、こういうことでした。）

「ちょうどの学習」という観点

この出来事は、自学自習への道を求める指導を前進させるうえからも、特筆すべき、たいへん大事なキーポイントです。

この難局のなかで光明となったのが、「ちょうどの学習」という観点から指導をとらえなおす、これまでにない、まったく新しい教育観でした。この「ちょうどの学習」が、わたしたちにあらたな指導改革の道筋を示したのです。

進度さえ上がれば自学自習の力も高まる、こうした思い上がった固定観念が道を誤らせました。手段と目標のとりちがえは、教育の仕事においても、ご法度です。

算数・数学だけでなく、国語や英語など、他科目の教材を同時に学習すれば、生徒の学習負担が増し、教材の進み方もおそくなります。だったら、科目は一つにしぼって、まずは1科目だけを数年の短期間で最終教材までにし、その後、他科目にまた進む。こうしたいわば、教材進度優先主義も、鍛錬主義の名のもとに教材の学習枚数を多くに維持して進度向上をめざすやり方と、同じ落とし穴におちいっています。何のために、そうするのか。本来めざすべき「自学自習への道」を見失う誤った指導観でした。

学年を越えた学習をつづけて成果を出す生徒と、そうでない生徒がいます。生徒一人一人の能力がちがうからです。事実はこれだけでした。

「ちょうどの学習」ではないという叫び

真の自学自習がととのってこその進度であるべきなのは、考えてみれば、当たり前のことです。そうでないと、いくら進度があがっても、それは形だけの進度になります。進度は目標ではなかったはずです。あくまで結果にすぎません。

自学自習への道を、わたしたちは追い求めているのでした。ならば、学習がその生徒の「ちょうどの学習」であったかどうかを、指導におけるもっとも重要な指標にしなければなりません。

例外生徒たちは、教材の進度が上がっても、その学習は能力にふさわしい、ほんとうの自学自習になってはいなかったのです。

生徒たちがこの学習は自分に「ちょうどの学習」ではない、こう叫んでいるのに、これがわたしたちには聞こえません。そのため、生徒の能力は、教材が上がれば上がるほど研ぎ澄まされはするが、かえってどんどんかぼそくなっていきました。とても挑戦的な学習を可能にする骨太な自学自習にはなっていませんでした。だから、能力の広がりにはつながりませんし、学習意欲も向上しなかったのです。

子どもにとっての「ちょうどの学習」を維持するための指導努力を重ねていけば、成果もまた個人ごとにちがった形で、その生徒に固有の可能性の伸長、拡張という形であらわれるはずでした。

④教材以外の能力が広がる

能力の転移があらわれない

みずからの可能性の伸長に向けてチャレンジする「ちょうどの学習」というテーマが新しくわたしたちに与えられて、この「ちょうどの学習」についての研究がはじまろうとした矢先、またまた例外生徒が出現してきました。

生徒に「ちょうど」を求める新しい見通しのもとに指導していけば、自学自習力が向上し、能力そのものが大きく広がるわけですから、その結果、学習中の教材以外の能力にも学習効果が波及して、生徒一人一人の言動や感覚にも、きっと大きな変化があらわれるはずです。ところが、さほどの変化の出ない生徒が登場してきたのです。

たしかにある学力はついています。しかし、その能力に転移は起こっていません。数学ができれば国語にも好影響を与え、国語ができれば英語もまたできる、また読書や芸術など他の領域にも、きわだった能力の深まりを見せるはずなのに、それがある生徒とない生徒があらわれたのです。

厳然としてある生徒の個人差、能力差

ここでも指導する側を悩ませたのは、生徒の個人差、能力差というものが、いかに大きいかという、これまでにも何度も突き当たった壁でした。

さきに「能力の低い生徒ほど、さきに進める」という指導にふれましたが、じつはこのことは学力にかぎったことだけではなかったということになるのでしょうか。ふつうの子どもなら1学年分ぐらいさきで身につく感覚が、能力の低い子どもの場合は2学年分くらいさきまで進まないとつかない場合があり、しかも、生徒の学力に比例するように、生徒の感覚の鋭さまでをも向上させるはずなのに、1学年どころか、数学年分もさきに進んでも、そうならないという生徒事例でした。

能力の変化が生む感覚の発現

優秀なA君は1学年分くらいさきに進んだとき、感覚も鋭くなり、かなりの応用力も発揮でき、当の教科の学力の向上だけでなく、それ以外にもあふれるようにその能力を発揮していきます。一方、B君です。B君も同じように1学年分、さきに進みました。しかし、まだまだそうした力まではありません。お母さんは、基礎的な問題はよくできるようになったが、応用力がなく、他のことができないといいます。

能力のさほど高くない子どもには基礎学力だけでは感覚や応用力は育たないのではという不安にとらわれることがあります。しかし、だからといって、応用題の練習をしたところで、まだまだ感覚が育っていないのですから、なかなか力は発揮できません。このような生徒ほど、「ちょうどの学習」を維持して、自学自習力をさらに高く伸ばさなければならないはずです。そうして学習をつづけていくことで、ある段階まで進んだところで急に感覚がよくなり、応用力がつくのです。

基礎学力を学習していけば、子どもは必ず感覚を少しずつ身につけていきます。ただそれがはっきりと表面に見えるには、ある一定以上の感覚の量が必要です。ちょうど、コップに少しずつたまった水が、満たないことにはあふれないのと同じです。そして、コップの形や大きさが一人一人ちがうところに教育のむずかしさとおもしろさはあるのでした。

学習の空回り、指導の空回り

ところがうかつにも、わたしたちは、こうした子どもの感覚の相違にまで、当初、配慮することができませんでした。個人差や能力差をあまり考えることなく、学力だけを注入しようとするやり方では、ついつい本来の自学自習がくずれたまま、学習が続けられることになる場合が多かったのです。

ある程度、自信のある保護者が自分でわが子のための教材をつくって、家庭学習をすることもありますが、ほとんどが途中で挫折します。その理由もここにありました。残念なことに、挫折して、せっかく子どもの能力の実態をじかに感じる機会であったのに、その失敗の原因を子どもの努力不足のせいにしたまま、なぜそれが起こったのか、これ以上の研究をだれもしなかったということです。

「指導の空回り」というものが起こっていました。生徒の方はといえば、自分の個人差や能力差をかえりみない形で教材が与えられていくわけですから、学習の空回りが起こることになり、とても感覚の量を増やすどころではなくなります。

こうなれば、感覚の量が一定程度たまった状態であっても、コップからあふれ出ることはありません。これは子どもにとってはまことに悲しむべき事態です。学習しているようであっても、自学自習にともなう全身的な活動にはならず、与えられた教材をただこなすだけなわけですから、頭は固まったまま、一種の思考停止の状態にあるかのようです。これが長くつづけばどういうことになるか、想像に難くありません。

本来の自学自習ができていれば、能力は広がっていくはずですし、感覚もまた鋭くなっていくはずです。しかも、教材がさきに進めば、生徒の学習意欲はさらに向上していくにちがいないのです。

子どもの教育を考える場合、とかくその学習態度や、何を教えるのかという教材の内容の話に目が移りがちになりますが、忘れてならないのは、どうあろうと生徒の感覚の広がりをも視界に入れた学習の質、すなわち、生徒を全身的な活動である「自学自習への道」にいかに立たせるかということでした。

その1回の学習が自学自習を闘いとる場になっているか

自分の学年を何学年分も越えて学習するためには、じつは、今の今、この日1回の学習が、未知なる教材を自学自習でいどむような挑戦的な学習になっていなければ、生徒の感覚の向上には結びつかないのです。

このことに気づいたのは、毎日コツコツと勉強したにもかかわらず、その感覚にあらたなる展開の見えない生徒たちを指導したときです。この生徒たちに足りなかったのは、毎日の学習において、みずからの可能性をつかみとろうとする学習者の側の強い意志の力でした。指導者がこの意志の力を学習にぶつけさせていくための、挑発的な（可能性の伸長に挑む）指導をうまく展開できなかったのです。

日々の挑戦的な学習がつづき、前の教材を越えた学習の積み重ねが、じょじょに教材進度の向上につながり、なおもこうした学習がつづくとき、いつとはなく、生徒それぞれにふさわしい、感覚さえも解放される日がついに現れるはず、ということです。

まさに感覚の広がりにまで通じる自学自習の学びは、個人別です。いつ訪れるかしれないこの日に向けて、生徒一人一人の日々の学習がつづいていくのです。

教育の最終形は、生徒自身がみずからの問題を見出し、みずから学ぶことによって、みずからの可能性を広げていくことでした。この教育の最終形はいつ現れるかしれない、拠り所のないものですが、しかし、確実に言えることは、この最終形もまた、日々1回のたゆまぬ挑戦的な自学自習の学習からしか生み出されない、ということです。

形だけの教材進度ではだめです。ほんとうの意味の、自分で考え、自分でする自学自習がその日の学習でできていなければ、到達した進度はただの砂の楼閣です。

復習をくり返して十分すぎる復習をしたのは、それ以降の学習を自学自習にしむけるためでした。しかし、そのさきの学習をただの「ひとり勉強」に放置しておいて、なにも指導をしなかった。いや、肝心の自学自習力をやしなう教材ではなにも指導することもなく、それ以前の教材において、ほとんど確証ない復習をくり返した、これがそもそも、学習の空回りを引き起こした指導の空回りの正体だったのです。必要であったのは、その生徒に必要なときに、必要なだけの、自学自習のための指導でした。

「ちょうどの学習」の場は、たった1回の全身をかけた自学自習の場から生まれる

「ちょうどの学習」の場がどのような場なのかが、じょじょに明らかになってきました。「ちょうどの学習」の場は、見方によっては、じつにあらあらしい全身をかけた自学自習の場だといえます。生徒の可能性を導き出して、その可能性に指導を注入し、さらに、そこにあらわれた生徒の可能性がもっと輝きを増すように道筋をつける、こうした学ぶ側と、指導する側とが、お互いに切磋琢磨する場が「ちょうどの学習」の場なのでした。まさに可能性の追求なくして、「ちょうどの学習」はなかったのです。

1年間の、いや、何年間にわたる長い学習の末、やっと身についてくる自学自習ではありますが、これを実現するのは、そうした長い学習期間が直接の誘因になるように見えても、じつのところ、きょう1回の学習、いや、きょうの学習分をさらに裁断した1枚のプリント、いや、もっと細分化して、1題の問題のなかに、生徒が自分でやろうとする自学自習の息吹が感じられるときです（こうした指導をしてはじめて、「ちょうどの学習」がどこなのかが、わかります）。

一人一人の可能性がところを得て、自由自在に駆け回る「ちょうどの学習」の場、生徒一人一人が自己の可能性にたのんで、これを実現し、実現するとともに新たなる自分固有の道がさきに広がっていく、そうした活動によってどこででも立ち上がる豊穣なる空間が「ちょうどの学習」を生徒一人一人に保障していきます。

これはまるで川の流れのようです。あちらに水流がはげしくなり、小さな渦が巻くようにして流れ、こちらには今にも急流となって流れ出す瞬間を待つゆたかな水量のたまりがあります。川の水面近くは清水が流れていても、水底あたりは砂をまきこみ、水がにごって色を変えています。それでも、生徒自身の可能性は、水流とともに、形を変えながらも、怒涛のごとくにほとばしって現れてきます。

ここまでに述べた「ちょうどの学習」にいたるまでの指導発展の経緯は、例外生徒が出ても、たじろがず、これに真摯に向き合う指導者の熱い指導意欲があって積み重ねられた歴史でもありました。例外生徒が出るたびに、その克服方法を、指導者は考え、実践していきました。

こうしてじょじょにですが、子どもたちの自学自習をささえる「ちょうどの学習」の場に必要な条件が見え出してきたのです。

つぎに述べるのは、基礎学力がついても学習態度が改善されない生徒、学習態度が向上しても学習意欲をわかせるまでには至らない生徒、学習意欲があっても能力の転化が多方面に起こらない生徒、こうした生徒たちに対しての刻苦した指導のなかで、指導者たちがたどりついた「ちょうどの学習」の場についてです。この「ちょうどの学習」の場を指導者が準備することで、生徒一人一人の自学自習が成り立っていきます。

では、この生徒たちの怒涛のごとき自学自習の精神が横溢する「ちょうどの学習」の場を、日々の教育の場で実現していくためには、何を、どうしていかなければならないのでしょう。どうすれば、例外生徒をなくす場をつくることができるのでしょう。これについて、これから具体的に考えていきます。

「ちょうどの学習」の場をつくる

受け身の学習では自学自習力はつかない

一斉授業の形で、教壇の上からの声に従順に行動するだけの生徒に対して、自学自習しているのかどうかを計ることは不可能です。もちろん話を聞きながら、頭のなかの思考回路がさかんにぐるぐると猛スピードで回転している生徒もいるでしょうが、その多くはまじめに、ある種の情報をただ取り入れて、従順に聞いているだけです。これが教育のなかではたいへんあやうい状況にあることはおわかりいただけると思います。

いまの大学の講義による授業など、その最たるもので、その大半は失敗しているのではないでしょうか。生徒には、受動的に講義を聞くというだけではだめで、能動的に参画させるべきです。講義を聞くにしても、手をうごかせてノートを取らせ、みずからの頭を整理するための準備をさせる必要があるのですが、大学の授業でそうした指導がなされたなどとは、ついぞ聞いた試しがありません。

しかし、この点にかんして言えば、自学自習を目的とする教育であっても、おなじ過ちをおかす危険、なきにしもあらず、なのです。ただ教材をわたすだけであったり、漫然とくり返しの学習を強いたりするだけでは、生徒の方に自学自習する挑戦欲など、わいてきません。まして大人がかってにこだわった教材箇所を能力開発教材と称して、それがその生徒にとって「ちょうど」かどうかも見ずに、えんえんと復習をするなど、非個人別教育の典型でしょう。

ここにあるのは、生徒に従順さだけを求める「形ばかりの自学自習」です。高校での授業のあいま、生徒たちが教室や廊下などで大騒ぎするのは、もちろん青春を謳歌するためなどではなく、ただただ授業が堅苦しくて、骨の折れるものだったからにちがいありません。生気を取りもどさなければならないのは、指導のあり方のほうです。

自学自習の教材を生かすために

教材とは一般的には、教室という場のなかで教師がある教科内容を指導するさいに材料とするものです。したがって、教材は教師がおこなう教室での指導上の解釈によって、その意味を変えていきます。従来型の授業では、一人の教師の指導方針のなかで、教育のすべての価値が決定されます。そこに生徒は間接的にしか介入できません。

しかし、こと自学自習においては、指導者の位置づけは、教材に解釈をほどこし、自分が把握した教科内容を教えるという性格をもちません。学習をするのは生徒ですし、その学習に意味をつけるのも生徒本人です。

では、指導者は何をするのか。指導者はその生徒の能力にどの教材がもっともふさわしいかを判断して、これを指し示す人です。再学習が生徒にもっとも適しているのか、それとも、大きく元にもどって復習した方がいいのか、それともこのまままさきの教材に挑戦するのがいいのか、生徒にとってもっとも「ちょうど」の教材を指し示し、しかも自学自習をもって学習させるのが指導者の務めです。

自学自習のための教材とは

自学自習のための教材には、主な点だけあげれば、以下のような特徴があります。

(1) 自学自習が可能なように小段階の積み重ねにして、1枚の教材がほぼ均等でありながら、じょじょにその学習の系統性にしたがって難度を増し、しかも、それぞれの教材に標準学習時間をもつこと。1枚の教材を1分程度から最大でも20分以内の小さな単位の教材にします。5枚単位、10枚単位の、いわゆる冊子型教材では、小段階の積み重ねはできず、指導がおおまかになり、不適です。

(2) 前の教材の理解を前提とすれば、自学自習できる教材であること。1枚の教材には、既習分野の8割を、未習分野2割程度を配分した教材にします。こうすることで、さきの教材を学習するのに必要な生徒の学力の実態がつかみやすくなります。

(3) 指導者の指導が容易にできるものであること。指導者からのフィードバックが即座にできるように、採点が簡便にできると同時に、採点するその場で生徒へのフィードバックの内容を明確に指し示すことのできる教材でなければなりません。

教材を実体的なものと考えてはいけない

こうした教材があるなら、学年を越えてもなお自学自習が可能になる、あるいは、自学自習がむずかしい生徒の発見が容易になるでしょう。

もし教材がなかったとしたら、子どものほうにいかに自習欲があろうと、その方向性がその子の可能性の伸長に沿うものになるかは保障できませんし、指導なくして、生徒が未知なる領域を自分だけの力で進むことはとても困難です。とりあえずのテスト対策として模擬的な問題をつくることはできても、それで自学自習力を向上させることはできません。

子どもだけに任せればいいではないか、こうしたほうが、興味関心にしたがって、生徒は自習力を伸ばしていくのではないか。しかし、これでは偶然性に左右されて、その学習のめざす方向が定まりません。結局は大きく遠回りさせることになり、途中で学習を投げ出すのを待つのが関の山です。

一方、親が指導したら、どうか。たしかに親は子どもの性格などは承知していても、結局は学校に準拠した定型の解き方を提示するか、「早くしなさい」「どうしてできないんだ」式の叱咤激励しかできない指導レベルにとどまるのがふつうです。

もちろん、教材さえさせれば、自学自習力が身についていくというように思うのも、同じように誤りです。教材を与えて、出来が不十分なら、くり返し学習のやり方で、その場ではうまくいく生徒もいますが、自学自習の方法を習得したといえる生徒はほとんどいないでしょう。

子どもの可能性の伸長を図ろうとするなら、子どもの可能性の広がりをつかんだうえで、さきの教材を自学自習できる準備のための指導が必要になってくるはずです。

自学自習の教材とその指導法

では、自学自習を指導するには、どうするのでしょうか。

さきに述べた教材が大きな働きをします。その教材の順番化された問題に生徒が正面に対し、生徒自身がこれまでの学習で得た知識や経験、はたまた、自分がもっている感覚や生活体験をもふくんで、全身でぶつかれるようにします。

全身でぶつかろうにも、それまでの学習内容が未整理なままで、基礎学力に不安があったりして、生徒が体当たりでぶつかれないような状態にあれば、指導者がそこに個人別指導をします。つまり、生徒が全身の力をもって、問題にぶつかれるように準備をするのが指導者の務めです。やり方を教えたり、解答をそのまま示したり、などはしません。

このことを、学校の先生という、いわばプロの教育者は、どうしても認めたがりませんし、できません。教科内容はまえもって先生が説明するものと、頭から信じ込んで、これ以外の方法がまったく思いつかないからです。つまり、学習をするのは生徒の方だということにほとんど無自覚なのです。これは学校の先生方を非難しているのではありません。そうした指導など、これまでの学校教育のなかでは不要だったのです。だから研究されてこなかっただけです。

導入の仕方は一つではない

学校やその補習をする塾などでは、問題の解き方をまず標準形でもって提示します。あたらしい単元の導入にも人一倍、こだわります。こうした問題なら、まずこうして、こういうように解くという定石にしたがわないと、だめにします。

小学校1年生の足し算の授業を参観したとき、「7＋8」の答えを生徒に挙手させて言わせるという授業を見たことがあります。そのときおどろいたことには、なんと、当てられた生徒がこう答えたのです。「答えは15です。そのわけは、……」。どうやら、8から3を借りてきて、7＋3にして10、10に8－3＝5をたして15と言わせようとしたかったのでしょう。こうしたやり方しか認めないのです。

先生は初めが肝心だからといいますが、この「初めが肝心」が問題です。自学自習で進む場合、どうあろうと、7+8の答えは15です。これ以上のものではありません。これ以上の指導が登場するのは、7+8が出ない場合、出るにしても、時間がかかったり、学習態度がくずれたりして、なんらかの問題がある場合だけです。

しかも、生徒の学習上の困難にはそれぞれの特徴があります。この特徴にあわせた指導は個人別に対応するしかないのですが、このことに学校の先生方はどうしても自分を従わせることができません。しかし、自学自習を指導する場合は、むしろ、子どものほうの全身的な学習にまかせること、すなわち、その子どもにできる方法でトライさせていくほうが、やり方を教えて、そのとおりにさせることより、大事になります。このことがプロの教師にはたいへん理解がむずかしいのです。個人別の指導が成り立つ教室の場の想像ができません。場は教師のイニシアティヴによって統率すべきものと考えているからです。

自学自習を可能にする「ちょうどの学習」の場

それでは、自学自習を可能にする学習の場、すなわち、可能性の追求を指導できる場を形づくるためには、その前に、どんな用意が必要になるのでしょう。

教材は自学自習できることを前提として作られるべきです。たとえていえば、幼児であっても学習が可能な教材です。当然ながら、幼児はいったん、いやとなったら、テコでも動こうとしません。そうした幼児がじょじょに自習力を鍛えていき、教材をさきに進んでいくことができれば、それは応用力への転化を可能にする基礎学力をつちかうものになります。

そのためには、多くを望みません。あれもこれもよりも、「学年を自学自習で越えていくための突破口」だけにするべきです。高校生によくあるように、授業ではノートをとることだけに終始し、家庭でこれを清書するといった、どこで考えているのか、わからないような学び方は減ることでしょう。

さらに、多くの生徒は、この突破口を身につけて2学年ぐらいさきに進めば、その学年の内容は不十分であっても、その教材から2学年下である自分の学年の学習がラクになり、さらに4学年先まで学習をすれば、不十分であった2学年先の学習がラクになる可能性は多いのではないか。そうしたことを成立させる教材こそが、自学自習教材にはふさわしいはずです。

学年を越えて自学自習できるための突破口

そのためには、数学は計算力を突破口にすべきです。計算力の学習は自学自習に向いていますし、この計算力を突破口にして、みずからで数学の世界に入っていくことを容易にします。

同じように国語の場合は読書（文章が読んで解る力）を突破口にすべきです。経験世界のなかでの読書の力は国語力養成にとって、実り多い苗床になるはずです。他の科目に比べて、言語能力ほど、家庭環境の差が出るものもないわけですが、このことは、逆にいえば、そうした言語能力を高めておけば、国語のみならず、数学もまた、自学自習が容易になることを意味します。

英語にあっては、英語の達人たちが自分の学習経験をさまざまに述べて、ヒアリングが一番だとか、会話力が大事だとか、いささか混乱気味ですが、自学自習を成り立たせる突破口という観点からの整理が必要です。外国語を自習で学んでいくわけですから、どうあろうと英文解釈をその突破口にするべきです（まず英文をスラスラ読めるレベルにしてごらんなさい）。この英文解釈力をさらに分析すれば、文法をただ一つのものとする理由はありません。運用の局面やその程度によって、さまざまなレベルの文法が生じるはずです。これを広く「言葉のきまり」というなら、まずはこの力を中心軸にして、そして、学年を越えるまでのものにすれば、局面ごとにあらわれるネイティヴの不可解な言葉づかいにも敏感に反応できる外国語の学習能力を高めることができます。

そうすれば、ヒアリングであろうが、英会話であろうが、ライティングであろうが、言葉のきまりを読み取る基礎学力としての英文解釈力がそれぞれの領域のなかで、大きく花開くことでしょう（日常会話の決まり文句を暗記させ、その延長線上に、グローバル化に対応するコミュニケーション力を期待する年少者への英語教育がブームになっています。しかし、外国語学習の意味は母国語を批判的にとらえなおす契機にするという点にあることを忘れることはできません。ところで、子ども言葉から大人言葉への切り替えにも、外国語学習にともなう困難さと同じものがあります。大人言葉をただマネするのではなく、大人言葉から子ども言葉を批判的に見直して、みずから子ども言葉から脱皮するようにすべきです。この移行がうまくいかない子どもたちの精神的なコンプレックスには想像以上のものがあります。大人言葉の機能と特徴を学びとる知力はどうしても必要です。英語学習においても、文法を毛嫌いすべきではないし、「言葉のきまり」に敏感であるようにしなければ、セミリンガルを生むだけでしょう)。

ここで述べた計算力、読書力、英文解釈力は、くり返しますが、その教科内容を自学自習するうえでの突破口とするものです。これを切り口にして、それぞれの教科内容の学習は大きく広がっていくことになります。

すべてを教えない
数学は計算力
国語は読書力
英語は英文解釈力

にわかに信じがたい、サギまがいのことのようですが、吟味すれば、なるほどと合点がいくはずです。計算力や読書力、英文解釈力だけで、すべてだというのではありません。これを自学自習への突破口にしろ、ということです。

これがなければ、それぞれの科目を学ぶのに支障がでるでしょうし、もしこの力があれば、そのさきの学習の可能性は大きく広がっていくはずです。自学自習がしやすくなります。

しかも、教材は無学年制、つまり、学年、年齢に関係なく、その生徒の能力に応じて、どこまでも学んでいけるようにします。もちろん、学年以下のところを学ぶこともできます。

そのうえ、数学・英語・国語の主要3科目を学ぶことで、それぞれが刺激し合って、能力の転化が起こりやすく、したがって、教材の進度もおのずと高まっていきますから、進度に比例して生徒の自学自習力はいよいよ向上していくことになるでしょう。

自学自習を可能にするこうした教材と、突破口を切り口にする指導をもって、生徒の「ちょうどの学習」を実現するのです。生徒一人一人の可能性をひらくため、指導者が準備しなければならないことは、どの生徒にも自学自習できる「ちょうどの学習」が実現するための場をつくりあげていくことです。

生徒の学力の「ちょうど」を見極めるためには、「作業のちょうど」（らくにできるところ）、「理解のちょうど」（わかるところ）と、さらに、学習態度をつくる「学習態度形成のちょうど」に留意し、この三つの「ちょうど」が教室に満たされるようにすることで、挑戦的な学習を生徒がしているかどうかが判別できるようになります。

作業力だけを押し通しても、生徒の自学自習には結びつきません。理解力だけ、学習態度だけにしても、自習にならないことは同じです。

「作業のちょうど」

教材を完成する時間を計る

自学自習の指導をおこなうためには、生徒がいま、全身的な活動をともなう自学自習に入っているかどうかを的確に把握できなければなりません。勉強している格好だけでは、だめなのです。意味のないくり返しの学習をやめて、指導者は、生徒たちに真の自学自習にともなう緊張感を味わわせたいと考えています。

「ちょうどの学習」を維持する目安になるのが、自学自習が可能な教材を細分化して、その1枚の教材ごとに設定された「標準完成時間」です。

この標準完成時間を大きくこえれば、当然ながら次の1枚の学習は困難になることが予想されます。つまり、このあとの自学自習に黄信号が灯ったことになるわけです。時間は速さを求めるためにあるのではありません。あくまで「ちょうどの学習」を保障するための時間です。生徒が教材と懸命に闘っているとき、おのずと教材を解くスピードはあがるはずなのです。

だから、「ちょうどの学習」を維持するための一つの条件は、教材1枚あたりに決められている標準完成時間を守るようにすることです。この完成時間を計ることによって、生徒の学習がらくに次の1枚の教材につながっていくかどうかを判断することができるからです。

基礎学力は時間で計れるか

これは生徒の学力が時間で計れるか計れないかといった問題とはまったく次元の異なる問題です。

つまり、ここで述べる標準完成時間は、生徒が全身的な「ちょうどの学習」をしているかどうかを示す指標なのです。このしるしを得れば、その生徒がほんとうに「ちょうどの学習」になっているかどうかを調べるきっかけにします。完成時間内で学習がおこなわれていれば、まずは安心ですが、これをこえた時間で学習している場合なら、「ちょうどの学習」でない危険が生じます。

もちろん、時間をこえても「ちょうどの学習」の場合があります。とくに能力の高い生徒にはこの傾向が見られます。標準完成時間をこえて学習している生徒を呼んで調べた結果、この生徒なら次につづく教材が「ちょうどの学習」で進められるという判断だって下すことができるのです（効率性を求めるための時間ではないのです）。

重要なのはむしろ、完成時間が教材1枚当たりの時間であるということのほうです。たとえば、1枚ごとに1～2分、2～3分などの時間、これは解答をまちがえても自己訂正ができて、この時間内ならいいという時間でもあります。しかも、この完成時間はさきにも述べたとおり、教材をつぎに進んでも困らないためのしるしですから、さきで困らないと指導者が判断すれば、時間をこえてもいいという意味から、標準という名を冠して標準完成時間としたわけです。

指導にさいしては、この標準完成時間がこえている生徒を見出すようにします。これはきょうの学習がもし5枚の学習計画であったとして、2枚目の教材が標準完成時間をこえていれば、途中であっても、指導者はこの生徒を呼び出し、「ちょうどの学習」であるかどうかを確認します。完成時間X～Y分の間に位置する生徒は指導者がつぎの1枚の学習を基準にして、このまま学習をつづけていいかどうかを判断するわけです。

くり返しますが、この標準完成時間は、理想的な、守るべき時間という意味をもちません。時間はつぎの教材が自習できるかどうかを予測するための手段です。手段を目的にしてはいけません。目的はあくまで自学自習できるという点にあります。

5枚いっぺんの学習時間、10枚いっぺんの学習時間がだいじだと考えている人がときにいますが、肝心なのは、つぎの1枚ができるかどうかなのです。時間が学力を保障するわけではありません。あくまで生徒の学習が「ちょうどの学習」になっていない危険信号、黄色信号がともっていますよ、という意味として解釈すべきです。

教材を解く時間は、もちろん個人別です。標準完成時間に、これ以上の意味はありません。

時間で計る教材

自学自習の教材が時間で計れるスモールステップのプリントで作られているのには、わけがありました。

多くの熟練の先生方は、学習の質をいつも気にします。しかし、スモールステップに分けられた自学自習教材では、その学習の質を、学習にさいしての小目標に置き換え、これを教材1枚に細分化して、しかも、生徒へのフィードバックを容易にするため、できるだけ学習の状況をつかみやすくしています。

こうすることで、小段階に区分された注意点を念頭に置きながら、これを一つ一つクリアする学習を継続していくなかで、多くの先生方が気にされていた学習の質が、教材の進度に比例しながら改善される仕組みをつくったのです。

こうした教材の意図が学習中の生徒に十分に意識されて学ばれているかどうかを調べるために設定されたのが、さきの標準完成時間でした。もちろん、標準完成時間は、優秀な生徒がたどった時間でも、生徒がめざすべき時間でも、なんらかの理論から出されてきた基準時間でもありません。学習の質をいつも一定以上にする、「ちょうどの学習」の場が成り立っているかどうかをみる「目」にあたるものです。

したがって、時間がかかるから作業力の不足をそのまま意味するわけではありません。時間は生徒の自学自習力全体の不足を知らせるしるしなのです。

こうして「標準完成時間」というアミを、生徒たちが学ぶ場にかけておけば、その場はいつも「作業のちょうど」の量も質も守られた状態になります。この標準完成時間をこえた生徒を見出していくことで、その学ぶ場は「ちょうどの学習」の場にさらに一歩、近づくことになります。

「作業のちょうど」――これが「ちょうどの学習」の場をつくる第1の条件です。

■「理解のちょうど」

自己訂正できる基礎学力

教材につけられた標準完成時間は訂正の時間をふくめての時間でした。もし1枚の教材の学習が終わり、採点をしたとき、まちがいがあれば✔をして生徒にもどすようにします。生徒はこの✔の問題を訂正します。そこで正解になって、なおかつ標準完成時間内なら、その場での指導の必要はありません。学習はそのままつづけられます。

ところが、一度、✔したものを訂正のために生徒にもどして、そこでまた✔であったとすれば、これは理解をともなった学習になっていない危険があるしるしです。

何回もまちがえれば、しぜんと標準完成時間をこえてしまうことにもなりますが、ここでは、何回もチェックしてペナルティを与えるような採点ではなく、✔が2回重なったら、すぐに生徒の「理解のちょうど」がともなっているかどうかを確認すべきであるというしるしだと思う点が大切です。不十分な理解のままで学習をつづけることに何の意味もありません。これが第二の「ちょうど」としての「理解のちょうど」です。

そこで指導者はこの生徒は「理解」が「ちょうど」でないと判断して、その生徒の指導に入り、その理解不足をおぎなうのです。こうするだけで、そのつぎの教材の出来ばえは確実によくなるはずです。当然ながら、標準完成時間は回復して短くなります（もちろん、調べた結果、何の問題もない、というときもあります）。

学習途中の2枚目で✔が2回以上出たということは、1回で訂正ができなかったということを意味するのですが、これを放置することなく、どうして1回で自己訂正ができなかったのかという原因を突き止め、その理解の不十分さをおぎなうことができれば、そのつぎの1枚の教材、さらにそのつぎの1枚の教材の出来ばえは、学習をした2枚目を上回るはずです。

教材の1枚1枚のプリントが担っている学習上の留意点が生徒の学習に生きて、身についていきます。まちがいが減ってもきますし、まちがえても、1回ですぐに自己訂正ができるようになり、「ちょうどの学習」に生徒はもどっていくことができます。

理解不足を示す兆候をつかむ

ところが、こうした生徒の発見をしないまま放置した場合は、どうなるでしょうか。簡単に予想ができます。2枚目よりも3枚目、3枚目よりも4枚目といったふうに、まちがいはだんだん増え、したがって、標準完成時間内では学習ができなくなることが容易に想像できます。とくに教材が上に進めば進むほど、「ちょうどの学習」を阻害するものの多くが、この「理解のちょうど」の不十分さにある場合が目立ってきます。

採点者は通常の採点をおこないながら、✔が2回かさなる生徒には、これを見出し、指導者に連絡できるようにしなければなりません。これがなされないと、「理解のちょうど」が保障されないままの学習を見逃して、つぎの教材に生徒が進んでしまいます。「理解のちょうど」がくずれているわけですから、つぎの教材を「ちょうどの学習」で進めるはずはありません。

「学習態度形成のちょうど」

学習態度はじょじょにつくりあげていくもの

最後に三つ目のちょうど、「学習態度形成のちょうど」をとり上げます。

学習の単位を小さくした自学自習教材の場合、その教材を学習するに必要な学習態度を要求していけば、教材自体がじょじょに複雑に、また、難問になっていくわけですから、学習態度自体もまた向上していくのは当然のはずです。言葉を換えていえば、学習態度の改善は教材進度が解決するといってもいいほどです。

小学校2年生のやんちゃな子が学年相当の小2の教材をしている場合、もしこの子が2学年先の割り算や分数を学習しているとして、その姿を想像してみてください。小2相当の学習をしているとき、その場で口をすっぱくして注意するより、学習態度は確実によくなっているはずです。教材進度が上がれば、学習態度のくずれの問題はしぜんに解消していきます。

ところが、このことが自学自習の指導に慣れていない人にはなかなか理解できず、その場で学習態度もまた、一流のものにしなければ気が済まない人がしばしばいます。このままさきに進めば、生徒の学習はいよいよいい加減になり、ついには教材を投げ出してしまうのではないかという心配が出るためですが、事実は反対です。

学習者が1枚の教材を学習するなかで、次なる1枚の教材に必要な「作業のちょうど」「理解のちょうど」、そして、「学習態度形成のちょうど」を維持するように指導していきます。ここで学習態度の「形成」という言葉を使うのは、英語で言えば、ビルドアップすること、すなわち、一つのまとまったものに形づくるという意味をこめるためです。態度形成に向けての志向性が見えるということです。

教材学習に必要な心の準備はできているか

「作業のちょうど」「理解のちょうど」は、ともに生徒の学習状態が「ちょうどの学習」にあるかどうかを見るためのものです。時間と採点のさいの✔というきわめてシンプルで、わかりやすいやり方です。ここで述べる「学習態度形成のちょうど」は、1枚の教材の学習中に何らかの理由によって、学習がしにくくなった生徒を発見するための「ちょうど」です。

採点者も指導者もへだてなく、生徒たちが「ちょうどの学習」をつづけていることを願いながら、そうでない生徒を発見していきます。ある意味で、教室全体のチームワークがこの「学習態度形成のちょうど」をつくりあげていくのだといえます。

理由はともかく、学習が思うようにいっていない生徒を発見するようにすれば、集中力がなくなった生徒、友人の存在が気になって、学習に向かっていないような生徒、学習内容が複雑なため、手が止まっている生徒、これらがこの「学習態度形成のちょうど」のアミに引っかかります。

学習にのれない生徒を見つけるたびに、説教をしたり小言をいったりしても、効果がないことは、指導する側にはすでにわかっていることです。教室自体を「ちょうどの学習」の場に維持するためのルールをさだめて、いくつかのタイミングごとに、これらの「ちょうど」が成立していない生徒を見出して、その生徒がこの教材を学習するに必要な準備ができているかどうかを、指導では、直接、生徒に対面して、もう一度、確認することから始めなければなりません。

自学自習するために必要な準備はできているか

まずは、きょうの1日で学習する教材の1枚目の学習ぶりに注目します。「学習態度形成のちょうど」は、きょうの1日の学習を始めるまえの準備の段階で明白になります。準備がととのっている生徒は、何の問題もなく、1枚目の学習に入り、そのまま1枚目の学習をいつものとおり、終えます。しかし、準備が不十分な生徒の場合はどうでしょう。1枚目で停滞してしまうわけですから、2枚目以降に必要な学習態度が形成されていない危険があります。

学習開始の1枚目の教材は、ルールとしてさきに採点し、まちがいがあれば、可能なかぎり早く自己訂正をさせたうえで、学習を進ませるようにします。ここに学習上の問題（すなわち、三つの「ちょうど」が守られているかどうかという問題）が発見されれば、指導します。きょう1日のこの生徒への指導上の注意点が出るのも、このときです。

こうしたほうがきょう1日の学習態度の質は高まっていくはずです。まだ自分の学習の意味を自覚できる年齢に達していない年少者の場合、学習に向かっても、すぐには学習のリズムを取り戻せない場合が多いものです。夢中に遊んだあととか、なにか集中力を切らす出来事が事前にあったとか、いろいろ学習に注意が向かない場合もありますので、これをこの1枚目の採点時、すなわち、きょうの学習の最初に見出してあげなければなりません（学習するまえに、きょうの心得など注意してもムダなことです）。

1枚目の学習を終え、本日分の学習に入ってしばらくしたら、学習態度にくずれが生じる場合も、ときにあります。生徒はまさに生き物です。そうした場合にも、いつも学習の場が自学自習の場になるように、採点者、指導者がともに連帯しながら、三つの「ちょうど」の観点のもと、注意深く生徒の学習を見守る態勢をとるべきです。こうした学習環境こそが学習態度の形成には何よりも大事になります。

1枚目からの学習の準備、そして、2枚目以降につづく学習の準備がなされていることを、生徒に直接、伝えることは有効な指導です。きょうの学習の見通しを理解することで、生徒の心は安定し、しぜんと我に返って、ふたたび学習に向かっていきます。

また、教材への学習の向かい方ができていない生徒にも、注意をします。途中の式を乱雑に書いたり、文章の読みに集中できていなかったり、英文を読みながら書くという基本姿勢がとれない生徒がいれば、こうした学習態度があらわれるには、それなりの理由があるわけで、学習中のこうした状態にも目をくばり、くずれている様子があれば、採点者が指導者に知らせるようにし、指導者はこれにもっとも適切な指導でこたえていくようにします（この1枚目は、単元の初めとか、例題があるところといった特定の場所にかかわりません。どこから学習しても、この三つの「ちょうど」のアミの目は生きています。自習力のある生徒は例題がある新しい単元であっても、なんの問題もなく、そのまま学習をつづけていくのがふつうです）。

三つの「ちょうど」で、「ちょうどの学習」の番人をする

以上ここまでで、「ちょうどの学習」の場をきずくための条件、すなわち、「作業のちょうど」「理解のちょうど」「学習態度形成のちょうど」がそろいました。

これだけでいいのか、という疑問が出るかもしれません。しかし、これだけでいいのです。よけいな気づかいは無用です。学習の場はつねに動いています。「ちょうどの学習」をまもるための基準は、あくまで基準としての役割しかありませんから、シンプルであればあるほど、いいのです。

指導にあたるものは、漫然と生徒を見るだけではだめで、生徒一人一人が「ちょうどの学習」になっているかを見ておかねばなりません。まじめに取り組んでいるといった主観的な判断にたよるほうが危険です。あまりに見落としが多くなります。しかも、その見方の恣意性に気づきません。そのとき指導者の「目」の代わりになって、生徒の学習を見守る採点者の働きが重要です。採点者は、いま学習中の教材の採点だけでなく、宿題として提出された教材の採点からも、生徒の「ちょうどの学習」を見ていくことになります。

指導者の「目」、そして、採点者の「目」、この二つの「目」が協働して、生徒の自学自習を可能にする「ちょうどの学習」の場を形成していくのです。

もし、さきにあげた三つの「ちょうど」がくずれた生徒がいれば、時をおかず、これを見出し、指導者のもとで直接指導して、この「ちょうどの学習」にもどします。こうすることが、生徒の学習する空間をいつも「ちょうどの学習」の場にする力になっていきます。

まずは「田んぼを耕す」

「ちょうどの学習」の場の整備

自学自習を指導するためには、生徒を強制的に管理しなければならないと考えるとしたら、これは認識不足でしょう。じっさいは、まったく逆です。大事なのは、子どもたちの「ちょうどの学習」が継続できるための学習環境の整備なのです。

三つの「ちょうど」を守るためには、指導者の指導の仕事を側面からアシストする採点者などの存在が必要になります。しかも、三つの「ちょうど」は時間をおかず、「ちょうど」のくずれた生徒がいたら、即座にこれを見出し、指導者に知らせます。そのための机の配置もこれをやりやすいものにすべきです。

それでも、問題はあくまで学習環境の整備です。「ちょうどの学習」がくずれた生徒を、そのまま放置してしまうか、それを見出し、指導をおこなうかの問題です。机の形式などは、二の次、三の次の問題です。自分の教室で可能なことから一つ一つ、これを克服していくようにします。

指導する側の姿勢ひとつで、教室の改善は、確実に一歩、前進するはずです。

田んぼを耕し、土を育てる

お百姓さんは、いい作物を育てようとするとき、いい土を作ろうとします。いい土がなければ、味わい深い作物を作ることはできません。まず、いい土をつくって、いい田畑にする。この田畑の土が、作物の成長を保障します。このための法則や原則などは、どうでもいい問題です。草が生えているのを見れば取るし、畔がくずれていれば、なおすだけです。

教育でも同じです。学ぶ場が「ちょうどの学習」で満たされた自学自習の場になっていなければなりません。経験のあさい指導者はともすると、自分の力にたよって、ぐいぐい生徒を引っ張っていって、学習を強いるかもしれません。まわりが協力しなければ、叱責をするかもしれません。いまでも学校などの専門の教育機関では強力なリーダーシップをもった指導者を高く評価すると聞きます。

しかし、自学自習を教育する場はちがいます。なによりも教育の主体は生徒であるのです。だからこそ、気づいたところから、みずからが手をつけ、今日よりも明日、明日よりもその次、とにかく、田んぼの土、畑の土をまず育てようとするのです。

「ちょうどの学習」の場をつくる

学ぶ場が生徒一人一人の「ちょうどの学習」を保障するようになっていれば、子どもたちはそこでみずからの可能性を広げていくことができます。指導者が注意することは、一人一人の生徒が「ちょうどの学習」になっているかどうかだけです。

はたしてこの教材はこの生徒が理解するのに「ちょうど」であるかどうか、このぐらいの学習時間がこの生徒の作業力に「ちょうど」であるかどうか、自学自習の学習態度をじょじょに形成していくのに、いまの教材はこの生徒にとって「ちょうど」であるかどうか、これを見つめ、もしそうでない生徒がいたならば、なぜ「ちょうどの学習」でなくなっているのか、その原因を見つけていく、これが指導者のすべき仕事です。

お百姓さんが作物の出来具合を毎日、注意して田んぼに出るのと、その仕事の内容はちがいますが、やろうとしていることは同じだといっていいでしょう。

イネは元気に実っているか。畑の野菜はゆたかに茂っているだろうか。同じように、生徒は「ちょうどの学習」をしているだろうか。こうしたまわりの力が結集して、一人の生徒の自学自習に必要な「場」がととのっていきます。

生徒の学習が全身的なもので、学ぶべき教材にすべての力をもって向かっているとき、教材の学習は、集中力を欠いた、ダラダラしたものではないし、教材の進度だって、学年相当のあたりをうろつく程度のものではないはずです。では、これをゆるさないような緊張感のある学習にしたいとき、どうするか。一人一人の生徒が教材と闘っている！ような学習にしなければなりません。そうした学習が守られているかどうかを示すしるしが、この三つの「ちょうど」の観点だったのです。

3 「ちょうどにする指導」とは、何をどう指導することか

■子どもの「学力の実態」を見る目

「ちょうどの学習」でない兆候

「作業のちょうど」「理解のちょうど」「学習態度形成のちょうど」という三つの「ちょうど」の観点から、「ちょうどの学習」でない生徒を見つけ出すことができたら、その後にはつづいて、その「ちょうどの学習」でない生徒に「ちょうどにする指導」をおこなう――こうすることで、「ちょうどの学習」の場はいつでも、活気ある自学自習の場を維持することができます――。「ちょうどの学習」を維持する指導そのものなどはなく、「ちょうどにする指導」があるだけです。

「ちょうどの学習」にないという危険のある生徒は、「作業のちょうど」や「理解のちょうど」や「学習態度形成のちょうど」のどこかに不安のある生徒ですが、ここで注意したいのは、そうしたおもてにあらわれた現象が、そのますぐに生徒の学習の不調の直接の原因だと結論づけられないということです。

そういう意味では、まさに「ちょうどの学習」でないという危険のある生徒が、いま教室で学習している現象があるだけです。あくまで現象は現象にすぎません。時間がか

かるから時間を縮めればいい、教材の枚数（単位時間の仕事量）を大量にさせればいい、理解ができていないから解き方を教えればいい、学習態度がくずれているから学習態度を改めさせればいい、というようにはならないのです。

「ちょうどの学習」でない状態があらわれたのは、生徒の自学自習自体がくずれた結果です。時間が速いこと、まちがいが少ないこと、学習態度がきっちりしていることだけで、自学自習が成り立つわけではありません。

1枚の教材から生徒の「学力の実態」を見る

では、どうするか。まずは、はじき出されてきた生徒の「学力の実態」を見ます。生徒の学力が自学自習を継続的に成り立たせるに足るものであるかどうかは、生徒自身にはわかりません。さきにどんな学習が待っているのか、自分がそれにどう対応できるかを、生徒は知るすべがないからです。それを見出せるのは、この学習のさきの教材にあって、この生徒がどんな自習力を発揮するだろうかを予測できる指導者だけです。

採点者から指導者のもとに送られてきた教材は、生徒の学力の実態を知る最良の資料になるものです。資料といえば、この教材の学習をするにあたって、どの教材から学習を始めたらいいかを判断するための資料に「学力診断テスト」がありますが、このテストに相当する働きが、この1枚の教材のなかにもあるのです。すなわち、この1枚の教材の出来不出来が、生徒にとって自学自習がもっともふさわしい教材がどこかを知らせています。

ただし、学習の出発点は、この診断テストの結果のスコア（点数と時間の相関）だけで決めたのではありません。その診断テストの中身自体をできるだけ詳細に検討して、生徒の学力の実態を診断した結果です（診断テストを訂正させたりもします）。この診断テスト同様に、生徒が学習した教材を詳しく診るとは、その生徒がこれからおこなう学習で、どのような自学自習力を発揮するかという関係を診ることです。

では、診断テストと同様の働きをもつ教材から、わたしたちは、何を、どのように診なければならないのでしょう。

学習済みの教材から学力の実態を診る観点

診なければならない項目のうち、主たるものは以下の点です。

①提出された教材のなかのまちがっている箇所や、そのまちがい方に問題がある場合があります。できている問題もあったはずです。この前の問題ができているのに、どうしてここでまちがえたのか、その原因をさぐっていきます。必ずどこかにその原因があります。なかには、それ以前の教材の学習が不十分であったことをここで発見することもあります。これを放置しては、さきの教材の学習は思うように進みません。

②正解の問題のなかでも、その解き方に問題がある場合は、どのようにして解いたのかを、検討しなければなりません。数学なら解答にいたる途中の式から、生徒がどのような考え方で問題に向かったのかを見ます。国語の場合は、本文のどの部分に着目して文章を書いたのか、英語の場合はどこにまちがいの原因があるのか、語彙なのか、

文法なのか、文脈理解に困難があるのかを見破ります。この診断が次につづく教材への向かい方の指導につながります。

③答え方そのものにある種の偏りがある場合は、むしろそれが生徒自身による考え方の特長である場合があります。その特長をさらに伸ばすためにも、生徒の考え方の偏りにはとくに注意します。もちろん、偏りゆえに目が届いていなかった部分へも目を向けるように指導しなければなりません。ときによっては、こうした偏りが生徒の可能性の伸長をはばむ場合があるからです。

解答した教材の検討をしたうえで、自学自習をおこなうのに必要な学力の不足、また自学自習への向かい方、すなわち、学習態度はどうかなどの問題点を見出していきます。くり返しますが、時間がかかったり、まちがいが出たり、学習態度が不安定になるのは、生徒の学習に何かの問題がかくれているからです。これを生徒の教材から発見していくのです。教材が生徒の学力の実態を知る最良の資料だという意味はここにあります。点数や時間だけでは判断できないのです。

「ちょうどにする指導」がいっそう、生徒の「学力の実態」を明らかにする

こうして生徒の学力の実態を教材から見出しますが、見るだけでは学力の実態にまではたどりつきません。じっさいに生徒を呼び、生徒とのやり取りのなか、まさにここが指導の現場なのですが、ここで、生徒の学力の実態がいよいよ鮮明に浮き上がってきます。

この弱点があるから、時間がかかっているのだな、ここの理解が不十分だから、こんな考え方をするんだ、学習態度が形成されないのは、ここで思考がとどこおっているからだ……などなど、ありのままの生徒の学ぶ姿を思い浮かべ、指導者は何の先入観もなく、この生徒への改善策を的確に指示していきます。これが指導者からする自学自習に向けたフィードバック（指導）です。

そのさい、どうしてこういう解き方になったのかを生徒に直接、言葉で説明させることも有効になるでしょう。その生徒から出てくる言葉を手がかりにしますが、生徒の説明に合わせて、指導する側が、学習の過程で発したであろう生徒の内言（声を出さずに、心のなかで用いられる思考のための言語）を、合いの手のように入れてあげると、生徒は自分の考えの道筋がどのようなものであったかを語り出します。指導者が注目するのはこの生徒の思考過程です。

学力の実態が次なる指導を明らかにする

「ちょうどの学習」がくずれる原因がわかれば、そこの指導を徹底します。このときの指導に生徒の方がうまく対応できるかできないか、これがまた生徒の学力の実態を見るうえで、たいへんに重要なしるしになるわけです。

これまでに習得したはずのことが不十分なら、その場でこれを補えばすみます。しかし、指導者の指導に食いついてこられないようであれば、その教材が生徒にとって「ちょうどの教材」でなかったかもしれません。多くの場合、すこし教材をもどして、以前に学習した内容を提示してやれば、ああ、そうだった、と生徒のほうがさきに気づく場合は多いのです（もちろん、万が一にも、こうした補いが不成功に終わるならば、その部分だけでも復習を考えなければなりませんし、大きく教材をもどす指導が必要になる場合もあります）。

必要な場合は復習をためらわない

以前に述べたとおり、自学自習の教材は、前の教材の8割がたの復習と2割がたの予習で構成されているものです。学習がうまくいかなければ復習という方法が自学自習にはもっとも有効な方法になるはずです。

指導者の仕事とは、学習者が「ちょうどの学習」をしやすい教材がどこかを探し当て、それを指示することです。

復習というのも、本来はこういう意味から生じるものです。従来型の教師の、いわゆる指導力との根本的な相違がここにあります。いままでの教師はそこで簡単に教えてしまいますが、自学自習を指導する指導者は、その生徒が自分で復習するなかで、学力の不足をみずから補っていけるように導きます。

頭のなかをすっきりさせるための復習

ところで、復習といえば、学習がうまくいかない、だから、ペナルティだ、といったニュアンスをふくみがちですが、まったくそうしたものではありません。

いま学習中の教材の学習をそのままさきに進めることもできるのです。しかし、それよりも低いところからやり直せば、さきの教材の進み具合がもっと良くなる、だから教材を元にもどして再学習をおこなうというのが、復習本来の意義です。当然ながら、以前に学習した教材を復習するわけですから、少なくとも学習時間は大幅に短縮できます。何の変化もあらわれない復習というものに意味はありません。

多くの生徒は復習をすることによって、頭のなかがすっきり整理されるため、その結果、これからさきの学習に大きな改善が見られるようになる、これがふつうです。

これを指導者の側から見れば、もう一度ここを復習させれば、この生徒の頭のなかがきっとすっきりするにちがいない、と感じられるとき、復習が発生することになるわけです。そうでなければ、復習に特段の意味はなく、むしろそのまますさきに進めたほうがいいくらいです（作業力や練習量の不足をおぎなうためなら、さきの教材に進める選択肢もあります）。

自学自習は、教えるのか、教えてはいけないのか

生徒一人一人の「可能性の実態」と指導者の資質

復習はじつは、いまの学習を正常にもどすだけのためというより、むしろ、これからさきの学習を自学自習で進みやすくするためのものである、これは忘れてならない重要な点です。

ここでは、これからさきの学習という言い方をしていますが、これを生徒一人一人の

「学力の実態」ならぬ、「可能性の実態」という言葉で表します。このほうが指導の本質がつかみやすくなります。生徒一人一人がこのさき、どのように学習をつづけて自学自習で進んでいくのか、すなわち、生徒自身の自学自習にどのくらいの確証を得るのかが、指導者にとってなにより肝要だということです。

この「可能性の実態」を指導者がつかめるかどうかが、復習をするにしても、このまさきを進めていくにしても、生徒の学習のあらゆる局面で大切になります。だから、指導者はこの「可能性の実態」というものに、敏感にならなければならないのです。むしろ、生徒の「可能性の実態」へ向ける目のするどい人だけが指導者の資格を有するといってもいいほどです。

自学自習をめざす教育では、教えてはいけないのか

自学自習とはひとりで勉強していくことだから、指導にあたるものは教えてはいけないと、しばしば言われます。解答や解き方を教えたのでは、生徒が自分でしたことにはならないし、そうした指導が常態化すると、生徒のほうは自習などしなくなって、ちょっとわからなくなれば、指導者に聞きに行けばいいと思うようになってしまうから、というのです。

では、わからなくなった生徒には、どのようにして自学自習にみちびいていけばいいのでしょうか。

さきに示したのとは逆に、まだまだ習熟していないのだから、復習をくり返すしかないと考える人もいるでしょう。しかし、復習はしても、学習が困難であったところを自学自習する方法の指導はしていないのですから、学習がもとのつまずいた教材にもどれば、またできません。そうするとまた復習、延々と復習をくり返すしかなくなります。

学習の初期に、数唱や数書、また、短文の音読などの集中的訓練をする場合がありますが、そこで得た作業力を維持するため、それ以降も10枚以上の学習枚数を強いたりするやり方は、結局のところ、学習枚数重視の指導に頼らざるをえず、なかにはそうした作業力一辺倒の学習に耐えられない生徒が出てくる危険があります。作業力は自学自習の一つの要素ではあっても、そのすべてではないからです。

たしかに、数回の復習はやむをえないとして、言われたとおり復習をし、その解法や解答まで覚えこんだ結果、問題の箇所を通過する生徒も出てくるでしょう。覚えることができるわけですから、これはこれで相当にかしこい生徒であるにちがいありませんが、他方、何回復習をしても思考力に変化のあらわれない生徒もいます。

この生徒たちは、言われたからやっているだけ、です。従順ではあるが、開発的な自学自習の能力は発揮できないままでいます。これでは残念ながら、学力の実態に変化は出てきません。学習の空回り、指導の空回りは、じつのところ、こうした経緯で起こってきたものでした。

可能性がいま、伸び広がっているという実感がわかないまま、生徒本人も、指導者自身も、教育の場にいるというのは、教育本来の姿ではありません。

生徒よりも学力が高ければ、指導はできるのか

教材も高校レベルのものになれば、問題はかなり複雑になります。教えるにしても、それなりの準備が必要になる教材箇所も数多く出てきます。生徒に学習させるだけというならできても、これにいちいち対応することはかなり難しくなります。

ならば、たとえば現役の大学生など、学力の高い人を指導者や助手にすえたら、どうでしょう。問題は解決するのでしょうか。考えるまでもないでしょう、否です。かれらは解答と解き方を即座に答えられるかもしれませんが、生徒一人一人の「可能性の実態」ということ自体、想像すらしたことのない人たちです。解答や解法をじょうずに説明したからといって、生徒に自学自習で進む力を身につけさせることはできるのでしょうか。これも否です。

そんな力はありません。うまくいかない例は山ほど出るはずです。教えられても、つぎの問題ができないと、生徒はまた質問、また質問……自学自習をだんだんできなくしているようなものです（質問が多く出ると、学習に積極性がある生徒だと勘違いする塾の先生などもいるようですが）。

採点をして、その結果出てきた生徒の成績が、一定の合格ラインに達していなければ、自動的に復習をするというやり方、また一方で学力のあるものが生徒に解答や解き方を教えるやり方、ともに自学自習のための指導をまったくおこなっていない点では同じレベルです。

では、いったい、自学自習にみちびく指導というものは、どうすれば実践できるのでしょうか。

教える指導と「ちょうどにする指導」との違い

自学自習にみちびくための「ちょうどにする指導」

自学自習にみちびく指導は、教えるのか、指導するのかという問題とはまったく次元の異なるところにあるものなのですが、このことを指摘する人はほとんどいません。

では、自学自習にみちびくための指導とは、どのようなものなのでしょう。

たとえば、5枚の教材を学習中の生徒が、2枚目に入った時点でつまずいたとします。「作業のちょうど」「理解のちょうど」「学習態度形成のちょうど」のどれか、またはそのいくつかが順調でないと生徒の教材が知らせています。採点者はその生徒の学習を一時止めて、指導者に知らせるルールにしておきます。指導者の手元には採点助手から送られてきた教材がいくつかあります。

ここで指導者は教材から「学力の実態」を診断しますが、生徒に直接、確認するのがもっとも正確で、実践的ですから、時間をおかずに指導の必要な生徒から緊急性の高い順に指導者のところに来るように呼びます（かならず指導者が生徒を呼びます。生徒がわからないといって立ち上がって指導者のところに質問に来ることを許していては、自習力はつきません。もちろん、指導者が生徒の方へいくのも論外です）。

このとき、さきほどの現役の大学生なら、すぐさま生徒がまちがえている、あるいは、解くのに困っている問題をその場で解いて、その問題の解説をすることでしょう。

しかし、自学自習にみちびく指導者は、まず学力の実態をじっくりと見ます。じっくりといっても、はたから見れば、ほんの数秒のことなのですが、生徒の学習を困難にしている原因をつきとめた指導者は、そこで「ちょうどの学習」にもどすための「ちょうどにする指導」をおこなうのです。

「ちょうどにする指導」もまた個人別指導

まず指導者の頭にあるのは、この教材のつぎにつづく3枚目、4枚目、5枚目、それ以降の教材の流れです。じつは指導者が指導するのは、その問題の解き方ではないのです。問題を解くのは指導者ではなく、生徒本人です。指導者が解いていて、どうするのでしょう。

指導者が指導にさいして考えているのは、この問題を指導することによって、さきにつづく教材が自学自習できるかどうかです。

この生徒には、このつぎの問題はできるのだろうか。そのつぎの問題はどうだろう、では、つぎの新しい教材はどうだろう。これらの教材を自学自習する準備はととのっているだろうか。その用意はあるか。

いま目の前にあるまちがいのプリントは、さきの教材が自学自習できないという危険を知らせています。まちがいのプリントは、この生徒がこれ以降の教材を自学自習できる準備をするためのものです。例題はふつう各単元の冒頭にあるものですが、この生徒にとってもっともふさわしい例題は、いま提示されているまちがいの問題です。

生徒の準備不足を見破り、この生徒がもっている力に自学自習できる道筋を与えて、このさきの教材を学習していけるようにする指導がこうして実行されることになります。じつは、ここでおこなわれる指導が、すなわち、「ちょうどにする指導」なのです。

自学自習できるための道筋をつける――指導の徹底

現役の大学生など、その最たるものですが、まだ経験のあさい指導者も同じで、生徒ができなかった問題の説明をすぐに始めてしまいます。

ところが、つぎにつづく教材を熟知している指導者は、この生徒が自学自習するための道筋を考えて、このさきの教材が自習できるための方法を模索して指導していくのです。これは自学自習を指導する指導者と、学習塾などで解き方をあの手この手をつかって説明する講師との大きな違いです。

教えたのでは自習するようにはならない、自習できるようにヒントを与えるように指導するのだということを考えている人が多くいますが、何を教えるのか、何を教えてはいけないのか、そんな問題ではなかった、ということです。

何をではなく、つぎにつづく教材を生徒が自学自習していくためには、どんな準備をしておくべきかを、じつは指導者は考えていたのです。

たとえば、「理解のちょうど」がくずれている生徒には、この問題の核心にある一つの定義を習得させる必要があると考える場合があります。その定義を伝えるだけなら、大学生であってもできるかもしれません。しかし、これだけでつぎにつづく教材を自学自習できるとはかぎりません。生徒の現在の学力の実態は千差万別だからです。だからこそ、個人別指導が必要になるのです。

伝家の宝刀のような決まりきった解き方の定石など、この指導の現場では役に立ちません。ある生徒には、定義の基本を示す問題をノートにそのまま筆記させて、そのノートを開きながら、つぎにつづく問題を解くように指示しなければならないときもありますし、定義を確認しつつ、問題を一題ならず、数題つづけて解かせる場合もあるのです。ある生徒には前に学習した問題をもう一度、音読させたりもします。リズムのある重要な部分の強調した読みによって、はじめて内容を理解できる生徒だったからです。そうした準備をしているさなか、生徒は「自分でできる」といった顔をして、しぜんに問題に向かい出します。自習し出すのです。

指導の徹底とは生徒の自学自習を見とどけること

自学自習の指導ですから、指導者の指導をうけたら、自分の席にもどって学習します。ここも大切な点です。指導者の前ではありません。自席で自習をします。

4枚目以降の教材の自学自習が確信できない場合は、3枚目の最後にしるしをして、その教材の学習が終われば、指導者のもとに持ってくるように指示しておきます。指導者はその生徒がじっさいに自学自習できたのかどうかをそこで確認します。そして、このままでは不十分と見たら、なお指導を徹底して、４枚目以降の自学自習への道筋をつけるようにします。

また、「作業のちょうど」がくずれかけている生徒には、その問題の前後につながる系統性を知らせたうえで、解くために必要なリズムで学習する練習を、指導者の指示のもと、その場でじっさいにできるまでさせなければならない場合もあります。解答を消させて再度解かせたり、余白やノートをつかって、リズム感が出るまで練習を徹底したりする生徒もいます（これで、２回分３回分の復習と同じ効果がでます）。

さらに「学習態度形成のちょうど」がくずれた生徒の場合は、この式の書き方、文字の書き方では、とてもこのあとにつづく問題を解いていくのに難渋するとみれば、すぐさまその式の書き方を矯正するための指導をくわえて、その指導が求める完成度になるまで、指導者の指導がつづくことになるのです。

これらは自学自習にみちびく指導者がおこなう指導の一端です。じっさいには個人別指導ですから、指導の方法も生徒の数だけあります。模範的な解答を教えたり、正しいとされる解き方を説明したりする従来の指導との違いは明らかでしょう。

「ちょうどにする指導」といっても、構えてなにか特別な指導をしかけるというのではなかったのです。生徒が自分で走り出す準備だけをします。走り出すまでが指導です。何かを教えて終わりというのではありません。

机間巡視して指導することの不徹底さ

また、もう一つ、つぎのような指導の誤りにも納得いただけるはずです。しばしば机のあいだを巡回して、学習に問題のある生徒を見つけ、そして、見つけたら、その場で一言二言、注意を与えるのが指導だと考える人たちの指導の誤りです（教室での生徒の管理は、採点をおこなう助手の役割であり、これを指導者がやっていては、自習へみちびく指導をおこなう人がいなくなります）。

さきにも述べたように、「ちょうどにする指導」は、指導者が指導者席に腰を落ち着けておこなうべき、徹底した指導です。巡回しながら、ときに注意を与える指導では、片手間であり、指導の徹底ができません。上から下を見下ろす巡回者の視線は、「ちょうどの学習」の場がもつ緊迫感とはあいいれないものです。

指導したあと、指導者は場所を移動して、また問題のある生徒はいないかと、机のあいだをめぐったりしますが、その指導者の背後では、さきほど指導した生徒がもう集中力を切らしている始末です。しかも指導者はこのことに気づきません。机間巡視のやり方は中途半端で、せいぜい、いつも気になる生徒にだけ注意するという形式的な指導になりがちです。これも「ちょうどにする指導」を徹底するという点からいえば、とるべきではない方法です。

助手に指導をまかせたり、学生たちに解き方を教えさせたりするやり方では、指導者は責任が取れません。自学自習の指導は、一人一人の生徒によって、ちがいます。この個人別指導をおこなうにあたっての責任は、ひとり指導者しか負えないものです。

自学自習を指導する要諦

学習者の、自分でできたという喜び

自分でできた、自学自習力があきらかに向上した、こうした感動は生徒自身が学習したその日に体験するものです。指導者もまた、そうした喜びをその1回の学習で、ともに共有したいと望んでいます。

きょう予定した学習が5枚の教材を進むことであった場合、指導者はその5枚の教材のなかで、なんとか満足できるまでの成果をあげる努力するもののように見えます。しかし、じっさいには、指導者の頭のなかに、教材の枚数5枚などは、カケラもありません。指導者は、いま生徒がとりくむ1枚の教材、1題の問題の学習の質、すなわち自学自習の程度に意識を集中しています。

したがって、5枚目までが終わって、一応の本日分の学習予定の教材が終了したとしても、きょうの学習分の自学自習を完成させるために、指導者は、つぎの6枚目、7枚目の学習を指示する場合も、ゆるされる時間内なら、もちろん出てきます。

生徒の頭のなかで、きょう学習した内容がカチッと音を立てて腑に落ちるようになるまで指導がつづきます。さきに指導を徹底する、と述べましたが、その指導の徹底とは、こういうことを意味していたのです。指導者の飽くなき学習効果を追求する指導が、生徒の、自分でできた、という喜びを生み出します。

宿題の学習の質をあげる

なぜこの指導の徹底が必要かという点については、よくご理解していただいたと思います。が、じつは自学自習にとって、さらにだいじな学習があることにも、この指導の徹底は関係しています。それは家庭学習においても、この自学自習できるまでにするという指導が必要だということです。

家庭学習とは宿題と一般的にいわれているものですが、「ちょうどにする指導」は、家庭学習でも順調にいくようにする指導をもふくむものです。教室ではない一般の家庭という、指導者のいない、ある意味で劣悪なる環境であっても、自学自習ができるようにしないと、教室での自学自習の指導はほんとうには完結したことになりません。

ここまで考えるなら、自学自習の指導は、これまで以上に質を高くする必要性、すなわち、きょうの学習のさきの教材の宿題分までを射程にいれた指導にならざるをえません。5枚の教材をさせる、10枚をノルマにしてさせる、採点者に解法を教えさせて、その場をつくろうといった指導とは根本的な違いがあります。

宿題といえば、一般的には、漢字練習や計算練習など、すでに学習した教材を家庭でもおこなって、練習量の不足をおぎなう性格のものでした。

しかし、自学自習を徹底する指導では、家庭での宿題の教材は、指導者のもとで指導を受けた教材の続きの、さきの教材です。だから、指導者はその日の学習の目標として、家庭学習が自学自習で順調に進むことをつねに念頭におき、その日の学習を指導していくことになるわけです。

家庭では採点者もいません。指導者もいません。「ちょうどの学習」がくずれていても、これを指摘することができないし、またくずれた「ちょうどの学習」を元にもどす「ちょうどにする指導」をおこなうこともできないのです。だからこそ、その日の学習はこの宿題の自学自習を保障するまで徹底しなければなりません。どんなに指導をくわえても、最終的には、その日の最後の1枚の教材では、生徒の自学自習（「ちょうどの学習」）が確認できるまでにする必要があるわけです。

そうなると、宿題の方も、やりっぱなしの宿題をゆるすぬるい宿題指導ではなく、自己採点、自己訂正を積極的に進めて、宿題における学習の質を高める徹底した指導が必要になるはずです。

自学自習の道筋を拓く指導者の指導とは

生徒が自学自習する場合、その生徒に許されている方法しか、自学自習に有効な方法はありません。そして、その有効な方法は、指導者と生徒とのあいだから生まれ出るものです。

生徒たちの能力は教科書にある定型的な導入法に耐えられるものばかりではありません。とくに年齢の低い生徒の場合、どこかに何らかの欠損があると考えるべきです（この意味では、健常児とハンディキャップのある子との差はありません。そうしたとき、ある標準形の指導をしても、できない生徒はいるわけです。どの子にも障害ならぬ欠損がある、このことをいつも念頭におくべきです。どうあろうと、その生徒にゆるされる能力を使う以外にないのです）。

たとえば、はじめて足し算を学ぶ場合、指を折ってならできる生徒がいるとします。そうであるなら、指折りが足し算の計算の仕方として正当か正当でないかという問題など、自学自習がいかに成り立つかという局面では、まったく問題になりません。

もし、その自学自習が成り立って1年後に5教材さきに進んだとして、正当と考えている方法では指導をしても1年にせいぜい1教材だった場合、どちらがその生徒にとって得なのか、考えるまでもないからです。

学校の先生たちや学習塾の講師などは、指折りの延長線上にある、いわゆる順序数の考え方を受け入れるより、10の集合数を理解するまでは、足し算を教えないというやり方を高級なものとする人が多いようです。

それは一斉授業でおこなう足し算の説明用としては適当かもしれませんが、一人一人の能力のちがう生徒を自学自習で進める指導をどうするかという観点からすれば、ある方法で自学自習が可能な生徒がいて、そうでない方法でなら自学自習ができる生徒が一方にいるというだけの問題なのですが、このことの重要性に、この人たちはなかなか気づこうとしません。

自学自習できる方法を見出す

ひらがなが読めない生徒に対してだって、そうです。生徒がひらがなを覚えるのが2枚で十分すぎる分量なら2枚でいいし、3枚でも、5枚でもいいわけです。そうでないと、家庭での自学自習も成り立ちません。できると判断したところだけが宿題となります。

宿題は生徒ができると考えたものを渡すものです。宿題を学習の最初期から自習できるように指導するわけは、家庭においても自学自習の可能性をもつことを、親子ともども早くに知っていただきたいからにほかなりません（世間でかまびすしい議論がつづく、いわゆる早期教育批判などは、いま振り返ってみますと、子どもの可能性を見出そうとする、教育本来の課題追求の試み、すなわち、その幼児が持って生まれた自学自習力をそのまま発揮できるための準備とは何かという、教育本来の問題をかかげていただけなのに、その真意を理解しようともせずに、意図的に詰め込み主義のレッテルをはろうとした、形式的なディベートまがいの論争でしかなかったのではないかと思えてきます）。

にもかかわらず、一斉式の授業でなら、まずは暗唱からとか、読み聞かせから入って、一回に10枚の教材はできるようにするというやり方から入っていく人がいます。

しかし、これでは、学習が上っすべりになる子どもも、宿題を自習できない子どもも当然出てきます。もともと自学自習力をつけようなどと考えもしない形式的な、個人別指導の名に値しない方法だといわざるをえないでしょう。宿題のための宿題、たとえば、意味のない運筆や音読のおけいこ、漢字の練習、同じ問題の復習など、本来の自学自習のための宿題とは、およそいえないものです。

何が標準かもわからないのに、標準とされる方法を押しつけるのではなく、その生徒がこの方法ならできるという方法で問題を突破していくと、生徒にあった欠落部分も、やがてふつう以上の発達を見せる場合があることを、指導にあたる人はもっと深く知らねばなりません（こうした非典型的な学力観こそが、現代のように、さきが見えない混迷の時代にはますます必要になってきています）。

「可能性の実態」を個人別にみる

生徒の能力は未知なる学習をどこまでできるかによって初めて見える

ここまで自学自習の指導について、できるだけ具体的にその指導の内容をみてきました。そこで、自学自習を指導するさい、どうしても必要になるのは、この生徒なら自学自習で未知なる教材をどこまで進むことができるのかについての指導者の「目」です。自学自習を指導するとき、指導者がいつも考えなくてはならないものが、この生徒一人一人に個人別の「可能性の実態」をつかむということでした。この「可能性の実態」をつかむ指導者だけが自学自習を指導できるといってもいいほどです。

さきに自学自習を可能にする教材は、既習部分と未習部分が８：２の割合で配置されることが望ましいと述べましたが、じつは、学習の最初の出発点を調べる「学力診断テスト」もまた、８：２の割合で、既習部分と未習部分が分かれたものにしてあります（とくに学年を越えて新教材に進むとき、これがはっきり出ます）。このため指導者は生徒の既習部分の習熟程度とともに、未習部分にどう対応できるかに着目して、生徒の能力判定をし、そうして学習教材の出発点を決めていくことができたのです。

「学力診断テスト」では、既習部分と未習部分の両方、すなわち、その学習内容の習熟程度の差から、このさきの学習がどのように進むのかを予想するものです。その結果、その学年に相応の結果であるなら、1年間で2教材分以上の学習ができる進度を見通します。

この理由は、学校の教科書の内容を基礎部分にしぼってみると、小中学校では教科書の2分の1以下の量にできますが、高校の学習内容はどう低く見積もっても、小学中学の倍の量があるからです。つまり、小学校中学校の学習内容の2学年分が高校の1学年分にあたり、教材は自学自習に必要な部分だけに絞っていることを考えれば、1年間に1教材以上は当たり前、少なくとも2教材は進む進度を確保するのは、当然といえば当然のことです。

診断テストの結果が学年相応の平均の能力を示すものであったなら、学年を越えてもなお、2教材分以上高い進度が予想できますし、逆に診断テストの結果が学年相応より、残念ながら低ければ、学年を越えてからの進度も一時的には、ある程度さげた見通しになります（問題は、この見通しの修正が学習中に起こることです）。

「可能性の実態」の変化を追い求める指導者

自学自習を学習する世界は、当然ながら、無学年制です。必要なら、学年よりも低い教材から学習をはじめても、なんの問題もありません。その学年相応より低い目標で進んだ生徒が、教材が進んで、学年相当の教材に達し、さらに、学年相当より1学年分高い教材に達しますと、生徒の能力が変化していることに、おのずと気づかされます。

たとえば、小学校2年生の生徒が1年以内に小学校3年生相当の教材に入り（つまり小2で小3の学習をするということ）、そこでその教材にあたる小3の「学力診断テスト」で平均レベルの見通しを得たとき、この平均が小3の平均であることを考えれば、小2のこの生徒の今後の見通しはあきらかに小2の平均を大きく上回るものになると想像ができます（しかも、ふつうの小3生がこの平均をこえることは至難です）。

さらに学習が進んで、小3相当の教材が終わり、つぎの小4相当の診断テストで、また平均レベルとなれば、この小2の生徒の教材学習の見通しは、いかに小2であっても、小4の平均レベルをきざんでいくことになるわけです。つまり、小2の生徒が1学年分さきに進んだら、文字どおり、小学校3年生の見通しを得ることになり、2学年分さきに進んだら、小4の見通しになります（これはじっさいの学年とは関係なく、小2生であっても小4生になるということを意味します）。

生徒の学習の見通しは、教材が進むにしたがって変化、向上していき、学年を越えた未知なる教材を自分の学年以上の能力を必要とする見通しをもって、自学自習で教材学習をすることになるのです。小学2年生だといって、小4相当の教材に進んでも、小2の見通しのままの進度をきざむわけではありません。

自学自習への道を追い求める指導者たちは、この刻々と変化する「学習の見通し」をつねに頭に置きながら、その生徒にもっともふさわしい指導を組み立てていきます。

学習の見通しと指導の点検

1年間で2教材分以上進む学習の見通し

自分の学年を越えた学習をはじめると、1年間で2教材以上進むことを指導の平均的な目標に設定するということは、1年学ぶごとに1教材以上、目標進度が高くなることを意味します。すなわち、学年を越えた1年目では、学年相当より1教材以上先を、2年目では2教材以上先を、3年目では3教材以上先を指導目標にする見通しで学習が進むのです。

しかも、その生徒の能力は教材進度に沿いながら、じょじょに進歩の道をたどります。教材の進度が進むにつれて、教材もまた学年をはるかに越えた学習に進みます。生徒の自学自習の対する力は、当然ながら、しぜんと上がっていきます。

したがって、指導の点検は、この1年間2教材を指導の目標にして、生徒一人一人に対して設定した「学習の見通し」との差をいつも注視することによっておこなうのが、子どもの可能性の芽を見失わない指導姿勢ということになるわけです。

生徒が自学自習で、まさに教材と闘っている場合、年間2教材以上の進度をきざむことは、むしろふつうに起きることです。もしそうでない場合なら、生徒が教材と闘う域にはまだ達していないと判断するぐらいの心の準備が指導者の側には用意されるべきなのです。

いわゆる期末テストなどの、学習の到達度をはかるテスト

学校などでは、生徒の学習指導において、抽象的な学習の目標をあらかじめ設定しておき、この学習の目標をめざした学習や指導をおこないますが、右に述べたような個人別で具体的な目標設定や学習の見通しを立てないのが慣習のようになっています。

しかし、明確な指導目標があるから、じっさいのいまの指導の点検が成り立つのです。そうでないと、指導の点検をしようにも抽象的な基準軸しかないわけで、したがって、その旧来の枠を突き破る新しい指導法の研究も開発もおこなわれなくなります。到達度検査などは、学習指導要領に指示された抽象的な目標をただ数値化したものにすぎません。大人がかってにきめた基準です（数値だけで生徒の自習力を測るという発想自体がまちがいです）。

現在の指導の点検をおこなう基準になるものは、生徒の学力の実態から予測した「見通し」との差異から発生するものです。

学校教育では当たり前におこなわれている期末テストや実力テストなどの検査は、その場での定点的な検査にはなるかもしれません。なるかもしれないということは、それがそうしたテストをしたときの生徒の学力の実態の一面を示すとしても、そのさきの学習がどのような進度をきざむかを見ることは困難だということです。

ある時点での成績の不具合があるだけなら、その場でおぎなえば済む話です。いま問題にしていることは、そうしたことではなく、これからさきの学習が順調に進むために必要な指導の点検のことです。こうした指導の点検であるかぎり、その生徒の可能性の伸長を示す指導目標、すなわち、各生徒の見通しを基準にして、その生徒の学習がその基準に沿ったものであるかどうかによって、指導の点検をおこなうべきなのです。

手段と目的の逆転

むしろ問題は、指導の点検といいながら、テストによって生徒に序列をつけるだけになっている点です。生徒の学力がどこまで定着したかどうかを、期末テストや到達度テストなどで調べるのが大勢です（資格学校やeラーニングなどで使うテストなどの評価法も同じです）。この結果をもって学校の指導力のレベルを判定し、さまざまな行政的圧力をかけて、教員にいっそうの努力を求める風潮がにわかに高まっています。

しかし、このようにするから、手段と目的がいつのまにか逆転現象を起こし、テスト結果だけを追い求める、いつもの悪弊が登場することになるのです。

評価が期末テストや到達度テストであると決めていく過程で、指導者の指導もこうしたテストに合格するための指導に変貌します。いや、それだけではありません。肝心の生徒本人の学習の目的すら、このテストの合格だけに収束する結果になってしまうのです。子どものため、子どものためと言いながら、「これからの人生、小手先のスキルで乗り切っていけ」といったまちがったメッセージを与えて、いいものでしょうか。

本来、テストとは、その結果により、あらたな指導方針を得て、指導を改善するためのものであったはずです。それなのに、いつの間にか、なにやら顔の見えない代官らしき人がいかめしい顔つきで、生徒の成績を監督するかのように登場するのです。

指導の点検は、教材のはじまるごとに診断テストをおこなって、その都度に立てた見通しと、最初に立てた見通しとの差異から、何がこのあたらしい見通しの達成以上の成果をはばむのか、この反省をもっておこなうものです。

当然ながら生徒の「学力の実態」を向上させる指導力不足がその点検の俎上にのぼらねばなりません。学習の成果に差異が生じた責任は、ひとり生徒のせいだということはできません。指導の点検です。反省するのは指導者の方なのです。

「大きな見通し」、「小さな見通し」

「見通し」もまた、変化する

「見通し」といえども、学習の最初に立てた見通しが、固定化することはありません。どの生徒であっても、これはそうです。

新しい学年の教材に入るときに、再度、その見通しを立て直してみれば、このことはかんたんに証明できます。まして、生徒の学習の進度が学年を越えてくれば、指導者にとっても、これは未知なる指導の体験になります。だれ一人同じ見通しが立つことなどありません。

ところで、ここで注意したいのは、こうした「大きな見通し」に対するのとは別に、「小さな見通し」が存在することです。

この「小さな見通し」とは、もちろん「大きな見通し」の下位に位置づけられるものですが、実践的にも「大きな見通し」に矛盾するものではありません。じっさいには、この「小さな見通し」を立てることで、つねに「大きな見通し」において1年間に2教材以上とか、3教材以上といっていた、「以上」という言葉にかくれた生徒の可能性が現実化していくのです。

指導の現場から生まれる「小さな見通し」

「小さな見通し」はさきほど述べた教室のなかにおいて指導者が生徒を指導する過程において立てていくものです。それは指導者と生徒が教材を間にした指導のやり取りをとおして構想されます。

この生徒はこのさきをどこまで自学自習で進んでいけるのかというのを、本日分の学習を指導するなかで判断していくのです。そうして指導者のみずからの決断をもって、ここまでなら大丈夫とすることで、新しい見通しが浮き上がってきます。

さきほど、ある生徒の学習に一応の成果を得るために、当初5枚の学習予定であったのが6枚や7枚になる例を言いました。教材の進度を予測するのが見通しなら、5枚が6枚や7枚になるということもまた見通しであるといえるわけです。

生徒が一定の教材枚数を終わろうというとき、次なる教材を指定する仕事が指導者には発生します。そのとき、きょうの、そして、それまでの学習の現場をつぶさに見た指導者が、この次に1回で進むだろう数十枚分の見通しを立てることにより、その立てた見通しにあった教材を生徒にわたします。これが、すなわち、「小さな見通し」です。

指導現場における指導者と学習者とのやり取りのなかから生まれる、より現実的な「見通し」です（教室が終わったあとで立てる見通しより、本日の指導の現場のさなかに立てる見通しの方が、その質はいいに決まっています。次回の学習日の教材の準備なども、この生き生きした生徒の躍動感がのこるうちに済ませられます）。

1回でどこまで進めるか

「見通し」とは、自学自習で学べる可能性がある、さきの教材箇所を示すことです。したがって、ほとんどの場合、この生徒がこのまま1回の学習で進むことができる1点を見極めることになります。

学習開始時における学習の出発点をきめるときの留意点をここでいま一度思い起こしてください。半年後、1年後、2年後、3年後といった時点での教材進度をきめたうえで、この学習をもっともしやすくするための適切な出発点が学習の最初に位置づくのでした（見通しをきめたあとで、出発点がきまります。この逆ではありません）。

「小さな見通し」においても原理的には、これと同じことがおこなわれます。ただし、いまはまったく未学習者が学習をはじめるのではありません。すでにある一定期間の学習経験をつんだ生徒の「小さな見通し」です。これまで学習した積み重ねがあります。そのなかで、数十枚分の教材進度は、おそらく生徒の学習経験の8：2の新出部分の比率をずっと下回るものであるはずです。だから、「小さな見通し」は、1回で進むことのできる教材の一定点だと考えたほうがいいのです。

生徒はこのあらたに立てられた数十枚の見通しのもと、これまでに得た「理解力」「作業力」「学習態度形成力」の状態をつねに乗り越えつつ、つぎにつづく教材に挑戦していくことになります。

「小さな見通し」を得るには

この教材のさき1回で進むことのできる教材箇所をしめすのが「小さな見通し」でした。では、この見通しを得るには、どうすればいいのでしょう。

手元にはきょうの教室分の教材があります。この教室での生徒の学習の質を、自学自習できるまでのものに高めなければなりません。そのためには、まず、きょうの学習分を復習なしの1回の学習で突破させる姿勢で指導に臨みます。

1回で終わらせるためには、「作業のちょうど」「理解のちょうど」「学習態度形成のちょうど」を、きょうの学習が終わるころには完成させておかなければなりません。途中の教材で「ちょうどの学習」がくずれる場合があっても、これに「ちょうどにする指導」をくわえて、自学自習できるまでの学習の質にもどす指導をするのです。

指導者によっては、見通しを取り違えて、あらかじめ復習分を加味した状態で、学習の計画を立てる場合がありますが、もちろん、この学習計画には何の根拠もありません（この学習は指導者がおおざっぱにきめた教材の枚数、学習の回数を終わらせるためだけのものでしょう）。

復習を何回するかを前もって予測する「えせ見通し」では、いつ、どこまで進むかがわかりませんし、もし「大きな見通し」を立てていた場合、これに達しない責任を生徒に転嫁するものです。何よりも、1回の学習枚数を決めたうえで、これを押し通すやり方は、確証のない鍛錬の意味しか見出せず、この生徒をどこまで進めようとするのか、その見通しのいい加減さ、その見通しの低さは、子どもの可能性の大いさに比べると、いかにも貧しいものです。

教室分の教材を1回で進めようとするから、そのさきの教材が学習可能か、または、復習が必要なのかが、はじめて明らかになる、このことを指導者にある反省とともに見直させるのが、ここでいう「小さな見通し」なのです。

1回でしようとするから、学習の質が高まり、自学自習への道が近づくのだし、その生徒にほんとうに必要な復習が見えてくるのです。1回学習をすすめているのではありません。高進度追求をいうのでもありません。1回で進めるとは、その日の学習のなかで、自学自習を実現する（「ちょうどの学習」にする）との意味です。1回の学習で自学自習を実現しようとするから、その生徒の本来の学力の実態が見えて、真に必要な復習箇所がわかるのです。

毎日の教室分の指導をこのように高めることにより、家庭での宿題の自学自習が可能かどうかも見えてきますし、こうした学習の積み重ねがあって、はじめてこれからさきの高校レベルの教材などでの自学自習が実現していくことになります。

■見通しが指導者の覚悟の意志表明である理由

「小さな見通し」の積み重ねが「大きな見通し」をこえる

この「小さな見通し」の数十枚は、生徒一人一人の「可能性の実態」をしめすものであり、したがって、この教材進度なら、生徒は自学自習で学んでいくだろうと指導者が考えた予測点だったわけです。

ということは、これを指導者の側からみると、この数十枚は、いけるはず、できるはず、いかせるべきもの、をしめす1点となります。すなわち、「小さな見通し」こそ、指導者の指導にかける覚悟の表明とでもいえるものなのです。さきに述べた「川の流れのようなちょうどの学習の場」にもっとも合った指導指針がこの「小さな見通し」によって実現されていきます。

これまで、さきに進む未知の数十枚の教材を「小さな見通し」という言い方をしてきましたが、もちろん、生徒によって、教材によって、20枚だったり、30枚だったり、50枚になったり、100枚になったりもします。要はその生徒が自学自習で進むであろう教材の1点を示すものです。

教室での指導がこういうものであるなら、「大きな見通し」を予測した以上の教材進度は、なにか事故でも起きないかぎり、実現するのがむしろ当然ということになります。

これはどういうことか。

指導者は生徒の可能性を信じて「小さな見通し」を積み重ねていく指導のなかで、生徒がこれまで想像もしなかった可能性を発揮していくその瞬間を目の当たりにすることになるわけです。指導者はこれにすなおに驚きます。そして、喜びます。そして、自分が最初の立てた見通しがあまりにも低い見通しであったことを悔いるはずなのです。

指導者の財産になる生徒事例

指導者はこうした自学自習に向けた指導をじっさいにおこなう経験のなかで、数多くの事例を得ていくことになります。この事例は指導者の財産であると同時に、失敗の歴史として指導者の心の奥ふかくにいつまでも残るものです。

なぜなら、新しく出会った生徒にはつねに何例かの事例がすぐに当てはまります。A君はこうだった、Bさんはああだったといった事例が思い浮かびます。と同時に、指導者はその事例をこえる一層の努力をかたむけます。結果、いまの指導力だったら、以前に指導したあのAくん、あのBさんはもっと伸ばすことができただろうに、なんと申し訳ないことをしたと思うにちがいありません。

一般に学校で平均的な学力の生徒なら、年間2教材程度の進度予測ができますが、経験を積んだ指導者は、同じ平均レベルの生徒なら、年間2教材をはるかにこえた進度モデルをかんたんに想定できます。

指導経験の蓄積の強みはこんなところに出ます。60歳になっても、70歳になっても、いやそれ以上であっても、自学自習のよき導き手になる指導者は、その指導経験のもつ強みをいよいよ発揮して、さらにすばらしい生徒事例をつくり続けていきます。

ところで、さきに学習開始時の「大きな見通し」について述べましたが、じつは「見通し」の力が真に生きる場所がどこにあるのかということについて、ある実例を紹介します。

「見通し」が真に生きる場所

つぎのような生徒があらわれたとき、見通しは、じっさいは以下のように立てられます。

ある幼中の生徒が教材の学習をはじめることになりました。数字も書けない、ひらがなも読めない幼児です。それでも、この幼児は幼長となり、1年後には小学校に入学する時期にまで年齢が進みました。来年には幼稚園から小学校に進学するわけですが、この時期に母親としてもっとも留意すべきことは、何をおいても新しい環境にスムーズに入れること、すなわち、「仲間づくり」です。小学校という新しい環境になじむのは幼児にとって、じつに大きな出来事です。

生徒を哀しませないための「大きな見通し」

さて、この幼児、父親がアメリカ人、母親が日本人という混血の子です。ハーフなのです。見た目にもハーフであることはわかります。そこで指導者は何を思うか。「仲間づくり」のだいじな時期に学力ごときで、手間取らせたくない、余裕をもった学力を与えて、小学校入学をむかえさせたいと思います。当然の願いです（いまは差別の問題について語ろうとしているのではありません）。

できれば小学校に入るまえに、小学3、4年生相当の基礎学力はつけておいてあげたい、いやいや、これではまだ不安がある。不用心である。そう、小学校6年生程度にしておけばいいかもしれない。そこで幼長時の4月の時点、すなわち、小学校入学を1年後にひかえた時期に、この幼児の見通しを、1年後小6相当、実質的な教材進度を6学年分としたのでした。

平均的な経験を積んだ指導者ならせいぜい小1か小2レベルを1年後の見通しとするのがふつうかもしれません。しかし、このハーフの子どもがこの程度の学力で新しい小学校に入学したとして、その後はどうなるのでしょう。心配です。せっかく「仲間づくり」をしようにも、学力の方が不安で、そちらの方にも注意しなければならなくなります。

1年間ではたして、小6レベルまで進めるものだろうか。

夏休みを活用すれば、夏休み中もふくめて、小3、小4レベルにまで進めるのではないか。その後の進度は、いまは定かではないが、半年あれば、小5、小6の教材は突破するはずである。いや突破できる、と指導者は確信しました。

どうしてこの指導者はこの「大きな見通し」を得ることができたのでしょうか。

もちろん、それはそうした幼児での事例を過去にじつにいくつも持っていたからです。幼児で方程式といった見通しはふつうに実現できます。生徒事例が財産だというのは、こういう形でその意味を発揮します。「大きな見通し」は必然的に教室指導を活性化します。「小さな見通し」を達成するためにかける指導者の指導にはいやがうえにも力が入るからです。

見通しとは、月間の総学習枚数を復習の回数で割って得るというような、単なる形式的な指導目標、学習目標ではなかった！　その生徒が小学校に入る将来のことを考えに入れて、そうして、生徒を哀しませたくない、という指導者の思いによって決めていくべきものだったのです。

個人別指導の本来の姿

「見通し」が持つ力

「大きな見通し」がどのようにして立てられるものか。その見通しを立てる際に、指導者の裏づけとなるものは過去に指導した生徒事例であるということでした。ハーフの子の指導事例が意味するものが何かは、あきらかです。その子どもがその後たどる生活の道筋に、どう自学自習の学習の経験がコミットできるか、つねにそれとのせめぎ合いのなかから現実的な「見通し」が決まります。

これまで見通しに対して、これほどまでにつきつめた考えを傾注した指導事例はほかになかったかもしれません。

学習不振児、問題児に対しても、このように見通しをきめて、自学自習の個人別指導をする教育があったら、多くの子どもはどんなに助かったでしょう。その子どもが歩む道に待ち受けている困難を子どもは知らなくても、大人である指導者にはある程度わかります。

だったら、こうした切実な問題に知らん振りをする教育など、それがいかに高邁なものであったとしても、その生徒にはほとんど関わりのないものです。指導者の立場にある人は、教育の切実さをいつも胸に秘めている人のことです。

1年後、小学校に入ったら、どういう環境が、この生徒を待ち受けているのでしょう。少なくとも教育にかかわる人間なら、それに当然気づくはずです。なんとかしてあげたい、幸せな学校生活を送ってほしいという感情もしぜんに湧くにちがいありません。そうしたとき、1年後の小学校に入学するまえに、小6のレベルまではと決意したのは、まさしく指導者の覚悟でした（指導者が生徒の幸多き成長を祈る母親の気持ちを代弁する場に立ったのです）。

自学自習の教育は子どもの実生活と向き合う

学校教育とは別、基礎学力の養成の教育も子どもの日常の生活とは無縁、こうした高みに立った教育など、自学自習の教育とは縁のないものです。とりわけ自学自習の教育では、子どもの学習そのものの在り方、子どもの生き方を直接的に教育する側面があります。したがって、子どもの生活、なかでも学校との関係のなかに、すすんで切り込む形を取ります。

「見通し」とはつねにこうあるべきものなのです。こうした子どもの生活そのものを視野に入れた見通しでなければなりません。なにかのモデルに当てはめて、それでよしとする見通しなどにたよるべきものではないのです。

それでも「見通し」の方法や意義について、いまだその意味がつかみかねている指導者なら、まずは学力診断テストを基点にして、その生徒にふさわしい見通しを得て、なおかつこれをこえる指導をおこなうことから始めるべきでしょう。そして、じっさいの学習に沿って「小さな見通し」を立てつつ、また、これを克服していく過程のなかで、生徒の可能性の実態が意外にも高いものであることを知っていくべきです。

ハーフの子の例は突出した例だったかもしれません。しかし、どんな子であっても、多かれ少なかれ、現実との接点のなかで生きているわけですから、教育が生徒のかかえる現実から逃れることはできず、いつも子どもにとっての岐路を意識して、これを乗り越えていくことをともに使命としなければなりません。

生徒が小学校に入学するときはどんな状況なのだろうか。この生徒が小4生になったときどんな問題をかかえることになるのか、この生徒が中学生のときはどうか、高校に入ったときどうなのか。こうしたさまざまな岐路を頭におきつつ、つねにこの現実と対峙して、にげることなくこの問題の渦中にそのまま身を投じてなお、この生徒の自学自習力をつけていくという覚悟が、指導者には必要なのです。

親への指導もまた指導者の使命

子どもの学習の方法について、おそらくお母さん方はここまで突き詰めて考えません。親は、なにもそんなにしなくても、というふうに考えるのがふつうです。しかし、もしそうであっても、これを少しずつ克服していくことが指導者の使命です。

子どもの将来のことを考えてやると、この子にはもっとその準備を用意しておいてあげたい、この指導者の思いがお母さん方の教育への考えを少しずつ変えていきます。

現在の高校の教科書を理解できる高校生は、10％にも足りないという現状です。これはけっして大げさにいうのではありません。事実です。学校のことだけを習っておればという考え方に親が固執すれば、子どもはできない方の90％になるよりほかに仕方がありません。

しかし、自学自習のやり方で、個人別指導をおこなって、高校教材を自学自習できるようにすれば、50人中30番の子どもでも、できる方の10％に入ることができるのです。余裕のある高校生活を送れます。

学力ごときで生活をすさんだものにする必要はない

学力さえつけば、どんな問題も解決するのか、という反論が出てきそうです。しかし、そのようなことは一言も言っていません。そうではなく、子どもたちは生活世界のなかで、学力ごときで、つまずくことなどあってはならない、ということです。

自学自習が前提になる高校の授業から脱落しないような準備を、やはりまわりの人間は気にかけるべきなのです。

このことは、一見、正反対のことのように思われるかもしれませんが、こういうように言い換えることもできます。学校の成績や入学試験など、子どもは少々つまずいたほうがいい、と。そうすれば、結局のところ、自学自習が学習の本体であることに、早くに子ども自身が気づくことができます。

一般に塾といわれるところでは、学校の成績でわるい点をもらわないように、入学試験に落ちないように、前に前にそうした危険をさける先取り学習をします。

しかし、自学自習の教育はむしろ反対です。生徒自身を未知の学習のなかに入れ、この学習を克服していく道筋を教育するものです。この子の将来を心にえがいて、子どもが傷つき、挫折しても、自分の力ですっくと立って、前を向いて歩き出す力を与えるのが、ここでいう自学自習の力なのです。

■「ちょうどの学習」×「ちょうどにする指導」

知育の価値

自学自習によって、みずからの可能性を切り拓くということの意味は、自分を取り巻く問題状況を理解し、これをすすんで克服していく、ということです。学力の世界において、教えられなくても自分で学ぶことの経験をつんだなら、その経験によってその他さまざまな学びの世界を切り拓いていくことができます。

知育の価値は不当に軽んずべきではありません。さきに述べたとおり、教育という世界では教える側と教えられる側とのあいだに記号論的なコミュニケーションの関係がありました。教える側がいかに切々とAだと訴えても、その意味を自分なりの解釈Bにするのは、教えられる生徒の側です。直接的に指示をつよめても、生徒のほうはそう簡単には順応しないわけです。これをわがままととらえるか、はたまた生徒の側の自立性の発露ととらえるか、その価値はその生徒の知の広がりが決定していきます。

世の中には、自分の意志に関係なく展開し、人の自由をうばうような出来事がつぎつぎに起こります。なかには暴力的で、有無もいわさず、強引なやり方で人を牛耳るような強圧的な力を感じざるをえないこともあります。しかも、おかしいなと思っても、その理由が判然としません。

しかし、なにやらあやふやな状態のまま身動きがとれなくなるとき、その出来事が自分にとって、どんな意味をもつのかを考える自由が人間にはあります。わたしたちはみずからの知を総動員して、この理由を追いつめていきます。人は意味を求めて、絶望から脱します。人間が生きるために必要な感覚や感性は、知を磨くなかから育まれていきます。

こうした知的行為を積み重ねることで、わたしたちの感覚はますます研ぎ澄まされていくのです。そうして、みずからが「生きる道」をより確かなものにしていくのが人間です。人間はこうして歴史をつくってきました。

ですから、生徒がもつ知を学習の基本にして、できるだけ多くの試練を積むべきです。そして、暴力的な出来事から身を守る強靭な知を身につけていかなければなりません。元気でさえあればいい、といったどこかの健康食品の宣伝文句をうのみにしてはいけないのです。わたしたちは、けっして健康のために生きているのでないのですから。

こう考えていけば、教えられる側はますます自学自習の学び方をもって、自分がいかに知らないかを知り、まだまだ学ばなければならないことがたくさんあることを自覚しておくべきです。そうしておかないと、感覚が鈍ります。自分はこう考えたんだということから学習をはじめる訓練には、それなりの時間が必要で、そう簡単には身につかないからです。

知育をとおして、感覚をみがく

みずからの判断で、人から教えられたことでも自学自習によって確かめる余裕が学習者には必要になります。これからの教育では、教える側の言い分にそのまま従順になることよりも、ますますみずからの判断でものごとを決めていけるように、人格を高めていくことが求められます。

夜警教室にならないための心得

一方、指導する側は、自学自習を指導するとき、まず何をしなければならないか。じつはこの問い方自体が問題であったのです。だからいつまでたっても自習による学び方が生徒には伝わらなかったのです。そうではなく、自学自習するにふさわしい場こそ、まずつくるべきでした。

自学自習できるにふさわしい場こそが「ちょうどの学習」の場です。これはどのような指導によって成り立つのか。「ちょうどの学習」でない生徒、これまで例外的な生徒として、一斉授業では邪魔者あつかいしてきた生徒、そこまでしなくても、無視してきた生徒を見つけ出すことから、指導がはじまるのでした。

その「ちょうどの学習」でない生徒を見つけ出す方法は、指導者が生徒のあいだを巡回して、まるで犯罪者がどこかにいないかとパトロールする警官のように、様子のあやしげな生徒を逃がすまいとして、用心深く見ていくことではありません。それではまるで夜警国家（国家の機能を国内の治安維持など夜警的な役割に限定した国家）ならぬ夜警教室です。こうした独裁的、監視的指導者の目は冷静に見えて、じつに主観的、恣意的なものです。

そうではなく、「作業のちょうど」「理解のちょうど」「学習態度形成のちょうど」というアミの目ですくい取るようにします。「場」の力学を利用するのです。自学自習を求める教育では、この三つの「ちょうど」が、恣意なく、的確にその注意信号を見つけ出します。この「ちょうど」は、基準でも、規定でもありません。生徒が自学自習という形で学んでいるかどうかを判断するしるしの一つなのです。

しばしば生徒が発するシグナルを見落とすな、ということが、生活指導の領域のなかではいわれます。学習においては、それをできるだけシンプルにして、「ちょうどの学習」から外れ出ているのではないかをしらせるシグナルとして、指導に役立てます。そうして、自学自習することを阻害しているものが何かを見出し、これを生徒とともに突破していくようにします。ここが重要なところです。――場自体を自学自習にふさわしい場にするか、その反対に、いい加減な場のまま管理だけを強めるか――夜警教室におちいらない重要な分かれ目になります。

三つの「ちょうど」から外れそうな生徒がほんとうに外れているのか、そうでもなかったのかを判断するのは、指導者が教材をあいだにおいて生徒に自学自習への道を指導するときです。ここで指導者は初めて、生徒が「ちょうどの学習」から外れていたのか、そうでなかったかが判断できます。

「ちょうどにする指導」があって初めて、自学自習への道が広がる

そこで、指導者は「ちょうどにする指導」をおこなうのです。この指導はまちがえた問題を教授するのではなく、このまちがえた問題をきっかけとして、このさきの教材が自学自習できるように、生徒の学力の実態を見さだめて、さらに不足をおぎない、自学自習に必要な道筋がすっきり生徒にも見通せるように、生徒自身が自学自習できる準備をととのえます。

一人でむずかしいのなら、1題といわず、何題でも、何枚の教材でも、よりそってあげてよろしい。そして、学習の質を自学自習するまでにすることができれば、しばらくしてごらんなさい、子どもたちはしぜんと一人で、自分の足を地につけて歩き出していきます。

生徒が自学自習できるように、「ちょうどの学習」の場をまず確立すること、そして、その「ちょうどの学習」の場から外れた生徒に「ちょうどにする指導」をおこなう、いわば、「ちょうどの学習」×「ちょうどにする指導」、これこそが自学自習を一人一人の生徒に学ばせる教育の方法だったのです。

4　可能性の追求、そして、全面発達を可能にする自学自習への道

■自学自習は全面的な発達を促すもの

指導の空回りの原因

例外生徒が出るたびに、これを克服してきた指導がやっとある到達点にたどりつきました。「ちょうどの学習」×「ちょうどにする指導」という場所が自学自習への道に必要であることが明らかになったのです。これで指導の空回りにかんする解答の大略が得られたはずです。

指導の空回り（見通しを立て、目標の教材進度は達成したが、能力に転移が起こらず、前進的な感覚の向上が見られなくて、可能性の伸長がない状態）は、なぜ起こったのか。

自学自習がじつは生徒の全面発達をみちびくはずなのに、そうしたことが起こるどころか、子どもたちの一部はみずからの可能性が広がる兆候を引き出すことなく、反対にただ細分化された、かぼそい一つの学力だけの伸びのなかにとどまっていました。

一つでも伸びればいいではないかという人がいるかもしれませんが、それがそうでもありません。特定の能力だけが伸びても、他の能力への影響を与えないのですから、知のバランスを欠くことはもちろんですが、生徒の全面的な発達をうながす可能性の広が

りをいちじるしく阻害することになってしまいます。それだけならまだいいほうで、確実に得られたと思った一つの学力すら、じょじょにしぼみはじめ、しぜんとその学力もまた、消えていきます。

こうした例外生徒に打つ手がなく、指導が空回りをはじめたのでした。しかし、このことは多くの人が、じつのところ、すでによく知っていたのです。

指導の空回り＝学習の空回り

もちろん全員ではなく、数からいえばほんの一部の生徒は、自分の可能性に希望が見出せないまま、いくらやってもあまり変化のないことにしだいに気づき、やってやれないことはないが、このさきに進んでも何も新しい世界は見えてこないとわかったとき、学習意欲は極端に減退してしまいます。わずかにこれまでの継続してきた慣れだけで学習がつづくことになるのですから、目の前の学習にも集中を欠きます。しかも、これからつづく学習が実りのないものだと、生徒自身は知っています。当然、学習を継続するのは、だれにとってもかなりきついものでしょう。

しかし、それにもかかわらず、生徒のまえに立つ指導者はあきらめませんでした。例外生徒はけっして見逃さないというのが、指導者の仕事の流儀です。いまよりもっと密度の濃い「ちょうどの学習」×「ちょうどにする指導」という、これまでにない新しい教育空間をつくるために懸命の努力をつづけました。

「できなかった自分」から「できる自分」への奇跡的な変身

子どものころ、はじめて泳げた日のことを覚えている方も多いでしょう。また、これまで乗ることのできなかった自転車にはじめて乗れた日のことを覚えていないでしょうか。

泳ぐことも、自転車に乗ることも、他人が代わることのできない、自分一人でやるしかない経験です。たしかにお父さんお母さんに手を引っ張ってもらったり、補助輪をつけた自転車のうしろをささえてもらったりしたでしょうが、その手がはなれた瞬間、自分一人でとにかくやらなければならない時間が、子ども自身をおおいつつんだはずです。

4年間か5年間か、それまで生きてきて得たすべての経験を総動員して、必死の覚悟で、手をまわし、足をばたつかせ、ハンドルをにぎり、ペダルをこいだ、あのときの体験はいまでも忘れません。あれはまちがいなく死に物狂いの覚悟を要した全身的な活動でした。手も足も、体全体の筋肉も神経も、そして感覚を統御する脳までも、過去の人生すべてを含む全部が総動員されていました。

自学自習もまた、これと同じです。全身的な活動をもって、学習に向き合い、自分のそれまでの経験、得たものすべてをその教材にぶつけていかなければならないものです。そうして、短い距離であっても、たしかに自分ひとりで泳げた、自分ひとりで自転車に乗れた、自分ひとりで問題が解けたとき、生徒の能力は確実に全面的なる発達を遂げたのでした。水のなかを進んだ、自転車をこいで前に進んだ、それまで解決のつかなかった問題一つが解けたという体験は格別なものです。

できたというだけに、その効果はとどまりませんでした。解けた瞬間に、「できなかった自分」から「できる自分」に、感覚もふくめた人間力全体の発達を遂げたということです。それまでとは自分の立つ場がまったくちがうのですから、そこから見える風景はいままで経験したことのないものです。

この新しい場に立てば、他の能力への転化が起こるのは当たり前ですし、いままでなら想像もしなかった新しい発想が降って湧くがごとくになり、世界のものごと全体がこれまでとはまったく異なった世界として立ち現われてくるのでした。

たった一回の厳粛なる表現行為

自学自習におけるこうした興奮を、これまでの強いられた「ひとり勉強」といわれる学び方で、はたして味わうことができたのでしょうか。ただ言われたこと、与えられたことを、指示されるまま、ひとりで解いて答えていく学習と、ここで述べる自学自習は、本質的に世界がちがいます。

自学自習というのは、学習者の一種、「命がけの跳躍」であった、ということができるかもしれません。自学自習が自分の全身をかけた活動であるかぎり、その活動はそれ以外では表すことのできない、たった一回の厳粛なる表現行為です。

こうでもありえたし、ああでもありえたといった見かけの自由など入るすき間はなく、あらゆる可能性のなかに立つ学習者が、二度とくり返すことのない比類なき状況をみずから引き受け、もはやこれしかないという行為が、学習者という立場をこえて、人間と

自学自習がもつ、荒々しいまでの生命のほとばしり

しての、ある意味で、その人固有の成長の一歩を示す表現になったのです。

百尺竿頭《ひゃくしゃくかんとう》に一歩を進む——という言葉があります。きびしい修行を経て、長い竿の先にも匹敵する悟りの境地に達しても、これに安住することなく、さらに一歩を進めよ、といった意味ですが、自学自習の境地もまた、究極、このとおりの学びの世界に相当します。

この言葉にはつぎの言葉がつづきます。「十方世界《じっぽうせかい》に身を現ずべし」、自分の前進をかけての学びの世界が、これまでに感じたことない自分に到達する。この境地はこれを指導する指導者の心構えをも指し示しています。

指導の空回り、そして、学習の空回りは、自習といっても、そこには本来のこうした自学自習がもつ、荒々しいまでの生命のほとばしりが全くといっていいほど、ないことから起こる問題でした。多くの人が「ひとり勉強」さえしていればいい、安心だと思い込んでいるかぎり、子どもたちの可能性はしぼみ、自分固有の学ぶことの意義は失われていくしかありません。

しかも多くの教育にたずさわる者は、おとなしく「ひとり勉強」をまじめにつづける生徒の姿を模範とでも考えたのでしょうか。その他の子どもにまで、この学習の姿勢を求めつづけてきたのでした。

自学自習は幼児にこそ、もっともふさわしい教育法である

自学自習がもつ生き生きとした精神はいつから消えたのか

しかし、考えてみますと、学習というものは、いつからこのようにその姿を、かぼそくて、よわよわしいものに変えてしまったのでしょうか。原因はあるし、起こった時期も特定できるのではないでしょうか。

学校の授業がむずかしくなる小学校の4、5年生ごろからでしょうか。そうではないようです。どうやら小学校1年生から、いや、それ以前からこの状態におちいっていたのです。

幼児期は、まるで「百尺竿頭に一歩を進む」かのように、形は幼くても、どの子も旺盛なる自学自習の精神をもっています。行動の動機はいつも、幼児の手のなかにあります。幼児の一挙手一投足が新しき時代の幕開けです。

ところが、その自学精神旺盛な幼児が小学校に入学するというとき、状況は一変します。小学校という「制度としての教育」が、幼児の自由気ままなわがままといっしょに存在していたあの旺盛なる自学精神を突き崩していったのです。

それればかりではありません。若いお母さん方の一部の人は、子どもがこのさきに出会うであろう学校教育のことを心配して、先取り学習を幼児に強いたり、より確実な定着レベル（大人がかってにえがいた到達点）を求めたりするために、鍛錬と称した押し付け教育を、子どもの自主性を無視するかのように課したのです。

はたして従来の幼児教育は成功したのか

しかし、こうなった真の原因は、どうやら別のところにあったように思います。集合教育が幼児の自学自習の精神をうまく受け継ぐことができなかったからでしょうか。本来の集合教育なら、集団が個人をはぐくみ、個人が集団をきたえる関係で、相互に働きかけ合いながら発展していくべきはずなのに、その循環が形成できなかった、ここに原因があったのでしょうか。

学校教育がよいわるいという話ではないのです。学校はある種の画一性と標準化をともなう国がさだめた公的な教育機関です。ここでの標準化した教育があるから、これを反面教師として、生徒の心に自由が芽生えるのだと考えることもできます。多くの人の個性はこうした対立項をきっかけに伸び広がるものです。

原因はやはり、幼児教育そのものにあったと考えるべきです。自由教育や個性重視、自然教育など、さまざまな幼児教育が世の中にはありますが、そこでの教育は残念ながら思うような成果をあげていません。だから、小学校に入って、あらたなる集団教育のまえに、その成果が雲散霧消してしまって、さらに発展をとげることができなかった、こう考えるのが順当ではないでしょうか。

いまのままの劇場型ともいうべき幼稚園教育（手をかえ品をかえた遊びのイヴェント中心に組み立てられた集団的な幼児教育）なら、以降の学校教育にほとんど影響はなく、いやむしろ、なくてもいいのではないかとさえ思えてきます（自学自習の教育が学校の「学習指導要領」の補完であるという意味は、幼児教育にも当てはまります）。

知育の不徹底さ

これはひとえに知育の不徹底に原因があります。人間にだけゆるされた知の形成を、予断なく促進し、逡巡することなく、自由教育や個性重視の考えや自然教育の果実をそのまま丸ごと身につけるほどまで徹底しなければならなかったのに、中途半端にとどまってしまったため、その蓄積が小学校では働くことがなく、むしろ、集団の規律やしつけのまえに消え失せたのです。

知育の徹底とは、いうまでもなく、幼児が自学自習を達成するほどまで、という意味です。あの幼児がもつ、生まれつきの好奇心や何にでも手を出す関心の深さを思えば、幼児が自学自習を自分のものにできないはずはありません。

もし幼児期においても、自学自習による、一人一人に「ちょうどの学習」がおこなわれ、これまで以上に知育が進展していたら、少なくとも現在のような無残な結果になることは防げたはずだと考えられます。

幼児だからこそ「ちょうどの学習」を

「ちょうどの学習」は学齢期に入った生徒だけを対象にするものではありません。むしろ、幼児教育にこそ必要なものです。

幼児はお父さんお母さんをはじめとする家庭環境の影響を強くうける場にいます。環境にめぐまれ、なかには小学生以上の能力を発揮する幼児もいれば、反対にまだまだ乳児に近い状態にいる幼児もいます。つまり、環境によって、その能力には格段の差が生ずるのも、この幼児期の特徴です。

ならば、幼児期においても「ちょうどの学習」をおしすすめることによって、それぞれの幼児の能力にもっともふさわしい幼児教育をおこなうべきだったのです。

幼児を受け入れる器も大事だが、その教育内容はもっと大事

最近では保育施設の不足や待機児童の問題がマスコミなどでも取り上げられ、教育行政のなかの重大問題の一つになって、共稼ぎの若夫婦が必要とする、保育機能をもった子ども園の設置が計画されていますが、しかし、問題はそのこと以上に、幼児教育における教育内容がはたしてこのままでいいのか、改善の必要はないのかという点にあるはずなのに、なかなかそこまでものごとの実質をともなった教育方針にまではたどりついていません。

いやむしろ、大人の都合だけが先行して、反対の形骸化の方向にうごく気配すらあります。このままのやり方では、幼児教育はむしろその質の低下を招いてしまうという心配さえ出てきます。

幼児期だからこそ可能になる、全身的な活動による自学自習の教育を推進して、幼児がもともともっている、たとえば感受性するどい言葉の感覚や数感覚など、その可能性をさらに高揚する教育の方法を構築していくべきです。しかし、それができない危険が、幼児たちをおそっているのです。これは看過できないことです。

■知の教育の方法論

三つの「ちょうど」をととのえる環境づくり

では幼児期における「ちょうどの学習」に特徴的なことは、何でしょうか。そもそも、幼児にも自学自習は可能なのでしょうか。

ヒトの赤ちゃんは、生後6カ月〜18カ月には、鏡にうつった自分の姿に、自分をかさねる形で、みずからを知り、この全体的な姿をもつ人間の像にみずからを合わせるようにして「自我」を獲得しようとします（フランスの精神分析家ジャック・ラカン）。サルやイヌ・ネコとちがって、まだ運動能力もないうちから、自分の身体の統一性を想像的に先取りするのです。

こうした自我のひな型を起点にして、引き続き、環境に刺激されて、言葉の習得が起こってきます。そして、幼児はじょじょにみずからの世界をきずきあげ、みずからで学ぶ形を身につけていくのです。

もし幼児がすでにもっている自習精神、すなわち、「自習精神＝生きる力」をさらに発展させる幼児教育法が見出されたならば、福音です。なぜなら、幼児教育を成功裡に終えた子どもたちが、その後の学習を自学自習にスムーズに移行していければ、これまでふつうにおこなわれていた、一種、上意下達の伝統的な教授法から一定の距離をとることができ、人間が生まれながらにもっていた自習精神を軸にする、これまでまったく想像もできなかった新しい教育が開花する可能性が生まれてくるからです。

ところで、幼児期の教育で大切なことは、三つあります。

一つは、どうあろうと幼児は親とともに育っていく、だからこそ、「親子共学」が幼児教育の原則であることです。

もう一つは、知の三相である「経験知」「運用知」「定義知」を循環させ、思考力の基盤を幼児期につけるため、幼児一人一人の「作業のちょうど」「理解のちょうど」「学習態度形成のちょうど」を満足させる教育環境が準備できる、ということ。

そして、三つめに、幼児期に必要なインプットの教育には、かならず、そのインプットに見合ったアウトプットがともなうため、このアウトプットを見誤ることなく伸ばしていけば、学ぶことの空回りを起こすことなく、自学自習の基盤ができる、ということです。

思考力の芽

「経験知」「運用知」「定義知」という知の三相の方をさきにして、幼児期に必要な知育について、このままつづけて述べていきます。すると、こういう関係図を得ることができます。この知の三相は、思考力誕生の機会を幼児の世界のあらゆる局面で準備します。幼稚園教育ではあまり重要視されてこなかった思考力の向上、すなわち、知の総合的な発展がうながされ、自学自習に不可欠な、ものごとの意味について考える力がついていきます。これは自学自習を進める教材の学習には不可欠なもので、この準備がなされれば、幼児の学習は格段の進歩を遂げるにちがいありません。

たとえば、ある言葉を日常の生活のなかで経験したとします。お父さんの会話のなかで聞いたとしてもいいし、絵本のなかにこの言葉が出てきたとしてもいいです。幼児は自分の「経験」でなんとなくその言葉を理解します。

そうして、あるとき、幼児がこの言葉をつかう場面がきます。しかし、使い方が不正確で、大人に何回か注意されては、この「運用」をくり返していく、そうすることで、やっと自分の使用語彙として定着します。この言葉の意味がほかの似た言葉とは微妙な点でちがうことなどもわかってきます。ある意味で、この段階で幼児は幼児なりにその言葉の「定義」を身につけたのだと考えられます。

つまり、「経験知」から「運用知」へ、そして、「定義知」へという循環が幼児のなかに発生したのです。もちろん、この段階での「定義」は未完成なものです。それでも、「定義」を概念の形で明確にする過程は、一度に成就するといった性格のものではなく、さまざまな経験や運用を栄養源として、その「定義」を少しずつゆたかにしていくものです。自分なりの「定義」を形づくりながら、しかも他者とのコミュニケーションのなかで鍛えられていきます。

いずれにしろ、これが概念の形で内面に腑に落ちていくには、それなりの生きる時間がいるわけです。それぞれに理解された「定義知」は、さらなる「経験知」、そして、「運用知」に出会うことで、また成熟を遂げて、言葉のアミの目をより密なものにして、思考力の発芽を準備していき、そうして、こうした言葉の発達とあいまって、他者をより深く知ることで、ますますみずからの自我像をかため、成熟していきます。幼児期はこうした知の三相の循環をはぐくむ、まさに絶好の機会なのです。

「経験知」、「運用知」、「定義知」の発展的な循環が言語能力をはぐくむ

ここに幼児教育の、いや、人間の知育の一つの原型があります。「経験」から学び、そして、みずから「運用」し、そうして、自分が得た知識の「定義」をじょじょにゆたかに成熟させていく過程です。

言葉の獲得にかぎらず、数学などの概念語、また英語などの外国語を学ぶことで、「経験知」「運用知」「定義知」はおたがいに影響を与えながら、その能力をさらに向上させつつ、転移していきます。転移というのは、「経験知」が「定義知」に結びついたり「運用知」に結びついたり、「運用知」が「経験知」を活発化したり、「定義知」が「運用知」に影響を与えたりといった具合に、知がこの三相のあいだを自由に飛び移って、おたがいを高め合うことです。

この三つの知の相の循環が幼児の生きる活動のなかで、じょじょに熟成していきます。そして、この熟成は、まちがいなく幼児の思考をつかさどる言語の発達を必然的にうながします。このとき、幼児のまわりに、ゆたかな言語環境があれば幸いです。「経験知」がたとえば数学の論理性や未知の外国語の理解に役立つことは間違いありませんが、この成果はそれにとどまりません。数学の論理性や外国語の理解が、逆方向に展開して、母国語の成熟という結果をもまねくのです。

教材以外にまで能力が広がる自学自習のもとには、こうした幼児期からの知的教育の成功がふかくかかわっています。幼児の言語能力の発達は、この発達に見合って、能力の転移にも決定的に重要な働きをします。言語能力の高い生徒が、自学自習への道に、いちはやく立つことができるのは、理の当然、なんの不思議もないことです。

知育の発展の芽をはぐくむ三相の知への働きかけと、言語環境の充実は、幼児教育のなかに積極的に取り入れていくべきものです。幼児の知的発達が、幼児における自学自習を根底からささえていくからです。

■言葉の世界をゆたかにする教育

言葉のアミの目

幼児が生きる活動世界は、加速度的ないきおいで「経験知」を膨張させます。一つの能動的な活動が何十倍もの言語を生み出し、幼児の生活を人間にふさわしいものにしていきます。幼児は身体的にも知的にも未完成ですが、わきおこる実践というアウトプットをやむにやまれず発散させながら、さきの「経験知」から「運用知」「定義知」という循環に道を開いていくのです。

こうした過程で、もっとも重要な働きをするのが言葉の力です。無意識裡にはぐくまれた言葉のアミの目は、幼児のその後の個性的な自我の成長をかならず保障します。さまざまなインプットに反応する形で、言葉のアウトプットが準備されます。まさに幼児が言葉を獲得するまでの過程は神秘としか言いようがありません。この活動は幼児の脳をさかんに刺激し、神経繊維のアミの目をより複雑につなぎ、この神経ネットを脳のなかに張りめぐらします。

幼児期こそ、言語能力の発達に力を注ぐ最適な時期もありません。したがって、当然のことですが、幼児指導の順序としては、母国語力を優先して高めておき、この母国語力を幹にして構築していくべきです。「経験知」「運用知」「定義知」の循環を活発化するためにも、言葉の世界をよりゆたかにする教育が求められます。

「経験知」に由来する言葉の教育は、他に優先して、重要視すべきです。言葉の環境をゆたかにすることは、幼児の能力の全面的な発達をリードするからです。このことは、幼児期に満足な言葉の教育を受けられなかった児童には、言語活動をふたたび活発化する教育からはじめる必要のあることを、同時に示唆しています。

「わたしはこう感じた」から始まる言葉の教育

ここでいま述べていることは、たしかに幼児教育を中心にしていますが、この考え方の基本は、幼児期だけに特徴的なものではありません。成長した小学生、中学生、また高校生にまで通用するものである点に、注意してください（さきに述べたとおり、自学自習に不可欠な基礎学力について思いをいたすとき、幼児教育をはじめとする年少者への教育は、大いに参考になります）。

学校での国語教育がはじまると、こう読むべきだという画一化された訓練が待ちかまえています。こう読むべきだという読み方指導の洗礼を受け、文章から正解を見つけ出そうとする国語教育にしたがわなければなりません。

しかし、本来的に自学自習でしか学ぶことのできない幼児には、そうではなく、むしろ、「わたしはこう感じた」「わたしはこう読んだ」という自分自身の「経験知」からはじまる国語教育をおこなうようにすべきです。出発点を「わたしはこう感じた、こう読んだ」からはじめ、そうしたあと、よりふかく文章が語りかける言葉に耳を傾けるように導いて、理解力を高めるようにします。文章ではほんとうにそう言っているのかを、自分の最初の読みと比較しながら読んでいくのです。

そうすると、おのずと自分が考えていることを書き表す内発的動機が準備されていきます。わたしはこう読んだという文章の把握のし方は、ほとんど作文における書く動機と同じものだからです。幼児の心のなかで、考える、書くというアウトプットが動き出します。幼児があらわすこの兆候にこそ、幼児教育の、いや、自学自習にみちびくための秘密がかくれています。

言葉の教育はインプットだけでいいのか

これまで幼児教育はインプットが大切な教授の手段とされ、神がかったようなインプット教育が評判をとったりしていますが、だまされてはいけません。もっとわが子の実態をじっくり見れば、幼児がいつも自分から何かしたいという動機を、形はさだかではなくても、うちに抱き続けているのがわかるはずです。こうした幼児の実態にちょうどの働きかけをしていくことからしか、幼児教育は始まらないことを知るべきです。

インプットがなされ、ある幹線鉄道の駅名を順に言ったり、世界の国旗を言い当てたりすることはできますし、このこと自体は、たしかにその幼児の能力の高さを証明するものです。しかし、だからといって、この幼児の自学自習力はどうかとみれば、きわだったその暗記力に比例するほどのものにはいたっていません。

インプットだけでは自学自習力はつかない

このただひたすらにインプットに傾斜する教育は、インプット自体の是非はともかく、自学自習という観点から見直せば、あまりに教授者主体の教育であったといわざるをえないものです。

インプットが幼児とって「ちょうど」のものであるなら、必然的にこれに見合ったアウトプットも発生するはずなのです。このアウトプットをつねに誘発する働きかけが、幼児が未知なる領域の自学自習をはじめる突破口になっていきます。

アウトプットなきインプットは、「ちょうどの学習」とはいえません。アウトプットが誘発できるかどうかが、幼児教育の試金石です。アウトプットをともなったインプットという、こうした「ちょうどの学習」こそが、幼児が自学自習を学ぶ場所です。この場がくずれたところに、指導の空回り、学習の空回りが発生してくるのです。これまでの幼児教育の偏りは、ここにその遠因があったのだといえます。

読み先習、書き後習は正しいか

文章を書くということよりまえに、文章の読みをさきに学ばなければならない、というのは、多くの人の共通した考えのようです。しかし、文字を読むまえに、もうすでに書ける幼児がいることはあまり知られていません。信じがたいことかもしれませんが、文字を知らないのに「書き言葉」を書く子がいるのです。

ある幼児がなにか独り言をいいながら、夢中で、クレヨンを動かしています。耳をすませると、その幼児は、パパ、ママ、おうちなどとつぶやいています。幼児が書いているのは、まさにそのパパ、ママ、おうちだったのです。文字ではありません、絵でもありません、一見、無意味なぐじゃぐじゃ書きのようですが、そばによって邪魔をしないようにして尋ねると、これがパパ、これがママといいます。

文字もまた、シンボルの一つです。このシンボルという疑似的ではあっても、たしかに書き言葉を書くという行為は、あきらかにその後の自学自習への準備にあたるものです（作業力や運筆力がないといって嘆くまえに、幼児期にどんな準備をすべきか、無意味な運筆練習にこだわるか、はたまた幼児に有意味な自学自習のための働きかけをするか、これが考えどころです）。

幼児は自分が経験から得たパパ、ママ、おうちという言葉を、たしかに書いているのでした。すでに書く力をもっていたのです。

2歳の子が本を読んだあとに、その感想をお母さんに口述日記の形にして、お母さんといっしょに書く例はしばしば見かける例です。3歳にもなれば、読書記録というか、読書感想文のようなな文章をりっぱにものする幼児はめずらしくありません。読み先習、書き後習というのは、どうやら幼児のアウトプットがしぜんに出ていることを見逃していた結果に生まれた思い込みにすぎなかったようです。

自分から書き始める作文教育

こう考えれば、アウトプットの典型である作文教育さえ、幼児に不可能でなくなります。これまでの作文教育は、起承転結とか序破急とかといった文章の典型的な形式を模範にして、学んでいくものと相場はきまっていました。しかし、ここで、生徒の自由なアウトプットという観点から、これまでの常識的、一般的な作文教授法から決別する道が開かれます。ちょうどの読みの学習を「ぼくはこう読んだんだ」という地点からはじめたように、です。

生徒が不思議に思ったこと、興味深く思ったことなど、かってに想像の世界に生じてきたものから書き出すようにします。あとはこれを読み手にどうわかりやすく伝えていくのか、という観点に立った作文の指導をおこないます。

こうしてできた作文に、規範やモデルや典型といった守るべきものはありません。生徒が思ったことから書き出し、これをどう伝えていくのか、どういえば他人に対して愛情をもって親切に伝えられるかを作文技法の唯一の推進力とする作文教育です。

作文教育は書き続けることが命です。つぎも書きたい、もっと書きたいという気持ちにする作文教育は、モデルから入るより、自分の感じたこと、思ったこと、考えたことを、できるだけわかりやすく書くことだけを、唯一の指導方針にするべきです。

作文の場合と同様、自学自習による文章の読み方指導についても一言しておきます。

文章読解を「縮約」でおこなう理由

文章を読む読み方に正解はありません。正解はありませんが、それでも文章の真意に可能なかぎり近づく学習法があります。それが「縮約」という方法です。

まず文章を読みます。自分なりに理解した内容を本文の1／3程度にちぢめるように指示します。要約ではありません。要約は結論を「要するに」という形でまずまとめて、なぜそうなるのかの理由をあとにつづけるものです。縮約はそうではなく、「自分はこう読んだ」という文章を書くことから始める文章読解法です。あらすじでも大意でも概略でもありません。あくまで学習者が読み取った内容をそのまま書き表したものが縮約なのです（画家が名作の模写をする過程に似ています）。

縮約は、ある意味で、読者のかってな思い込みです。読み誤りも不十分な読みも深読みもあります。これをそのまま認めるのです。そして、この読者のかってな思い込みを学習の出発点にする国語教育をめざします。

きみはこう読んだんだね、なるほど、いい点に注目したね。でも、きみが読んだその同じ文章の後半にはこんなことが書いてあるね、これをどう説明すればいいのだろう。きみの縮約文にこのことも含まないと、いけないね。こうして、学習者はまた本文にもどって読み込み、結果、自分の縮約文の不足をおぎなっていきます。

仏教に写経という慣習があります。写経によって経典の真理を体得するのがもともとの目的でしょうが、縮約はこの写経を1／3にしたものと考えてもいいでしょう。肝心なのは、縮約する過程において、学習者の読解が与えられたテクスト（本文）に可能なかぎり近づく点です。縮約をしながら、書き手の息づかいや微妙な感情の揺れまで、その内容を深くつかみ取っていきます。縮約に正解はありません。正解はありませんが、縮約の不十分さは明らかです（ここで国語の読解指導が成り立ちます。正解主義に陥ったこれまでの国語教育の悪弊が断ち切れます）。縮約文と本文のあいだに生じた差異にはとくに注意を向けさせます。そうして、本文の主題のちかくにいて、書き手とほぼ同じ立場に立ち、文章の真意にせまっていくのです（このときです、自分で読むということが自分で考えることと同じであるとわかるのは）。

幼児の絵本の読み方はまさにこのようなものだったことにご注目ください。この方法を教材化することで、生徒の国語力はインプットとアウトプット、読みと書き、両方が合わさって伸び、しかも語彙力や文法力、ひいては、作文力にまで、その学習効果が広がっていきます。

とくにユニークな学習効果は、この文章で読み手がこだわった言葉や文が縮約文にも生かされるため、書き上げた縮約文自体が、その本文に対するりっぱな批評文になっているという点です。この批評への萌芽は、高校国語での自学自習をきずく基になっていきます。

国語教育と読書との関係

指導もせずに、読書に逃げてはいけない

もし国語教材の学習が順調でなくなったとき、しばしば、その原因を読書不足のせいにして、家庭で本を読むことをすすめる場合があります。しかし、教材の学習上の問題はあくまで教材指導上の問題です。これに全力をつくさず、読書のせいにするのは、肝心の教材指導から逃げていることと同じです。

たしかに小5相当の教材を学習する前に、小5レベルの本を読んでおくことは、教材学習にも効果を発揮するものです。しかし、この結果論と教材指導上の問題を混同することはできません。

教材学習における三つの「ちょうど」によってはじき出された生徒を呼び出し、読みの力の弱さが原因で学習が停滞している場合なら、まずは、その教材の読みのレベルを、小5なら小5のレベルにまで引き上げる、教材における読みの指導をすべきなのです。一文読み、パラグラフ読み、全体読みをおこない、読み手の読みが文章の指し示す感覚に達するまで徹底します。これを省いて、読書不足を口実にするとしたら、いつになっても生徒の読みの力は回復しないでしょう。国語の文章の読み方においても、まずこの「ちょうどにする指導」を徹底しておこなうようにします。あとで述べるように、この教材指導上の問題と読書の関係は、まったく別のところにあります。

この点にふれるまえに、ここで幼児指導における重要なる第一番目の項目、「親子共

ていきます。

学」の必要性にもどって述べることにします。読書の重要性がじょじょに明らかになっていきます。

親子共学が原則である

幼児教育で大切な点として、「親子共学」があると、さきに述べました。この「親子共学」についても検討しましょう。

幼児教育ではこの「親子共学」が原則であることは、いくら申し上げても足りないほどです（原則だということは、不幸にして、そうした環境に恵まれなかった幼児であっても、同等の働きをする見守り者、番人はいなければならないということです）。最近では、幼児教育は保育園や幼稚園という教育機関がするものという常識がまかり通っています。とはいえ、幼児にもまた、個人別教育が必要であることは間違いのないことです。

ある幼児教育をしたとき、その内容が幼児のなかになかなか入らないような場合、これをくり返し反復学習する場合があります。しかし、こうして習得させた内容は、それこそうのみ状態にあるわけで、腑に落ちるという、ほんとうの理解にいたっているわけではありません。

ここまで述べたことからも明らかなように、これは自学自習する準備がその幼児にととのっていないことのしるしです。いっこうに自分から勉強しようとしないと嘆くまえに、幼児であっても、三つのちょうど、「作業のちょうど」「理解のちょうど」「学習態度形成のちょうど」を確認して、幼児のなかにある「経験知」「運用知」「定義知」の学力の実態をまず見るべきです。これをしないで、くり返し学習を強いるのは、ますます幼児を自学自習から遠ざけてしまいます。

「ちょうどの学習」でない原因をさぐる

他の幼児ができるのに、うちの子どもができないというのは、お母さんにとって看過できないことでしょう。こうしたとき他との比較をしないでくださいという声をしばしば聞きます。しかし、お母さんとしては本に書いてある幼児教育にかんする記述や専門家の言葉より、目の前で見る他の幼児の実例こそ、わが子に最高のモデルです。

比較して自分の子どもの成長の遅れをことさら嘆いたり、逆にわが子に強圧的な教育をほどこそうとしたりするのは論外ですが、かしこいお母さん方は、お母さん方同士のコミュニケーションの取り方が想像以上に上手ですから、他人の子どもであっても、よくできたときは、なんのためらいもなく、いっしょになって喜びますし、うまくできた事例はお母さん方の共有の財産であるかの如くに分かち合います。

そうして、「経験知」や「運用知」「定義知」が十分でないわが子には、どんな親子学習にすべきかの的確な導入法を学んでいきます。

言葉の世界を変える、生活環境を変える

ところで、ここからが重要な点です。問題はこのさきにあるのです。

わが子の劣った部分を、他の幼児にも引けを取らないように、その劣ったところのく

り返し反復学習をさせたりするのではなく、その幼児の生活環境を変えていくことによって、その劣ったところを幼児自身が克服できるようにしていくのが、幼児教育が学齢期以降の教育と唯一、異なる点です。そして、そこに重要な役割を果たすのが「親子共学」なのです。

幼児はもともと学習の形がいまだ形成されていない段階にあります。しかし、それでも幼児には天性の自学自習が身についています。だから、幼児を取り巻く環境、母親父親をはじめとする家庭環境を改善して、自学自習が発揮しやすいようにするのが幼児教育本来のあり方となるのです。幼児教育は「親子共学」が原則だというほんとうの理由はここにあります。

幼児教育がうまくいかないのは、その幼児を矯め直そうとするからです。しかし、大人ができて、幼児ができない自明のことを、親が見本を示して、幼児にそのとおりにさせようとするのは、もともと幼児には無理な学び方です。幼児にこうした指導は向きません。いやなものはいやだと、幼児なりに筋を通そうとするのも幼児の特性です。

わるいのは幼児ではない。幼児の生活の環境自体に問題があったのです。ある意味で幼児教育の要諦は、その幼児を包み込む環境自体をよりいいものに変えていくという点にこそあるといえます。この地点からこれまでの幼児教育を見直せば、早期教育がなぜ必要なのかがわかってきます。

生まれる前から、いや、妊娠がわかった時点から、本来の幼児教育である「環境づくり」は始まります。幼児がもともともつ自学自習の能力を、そのまま生かすための環境づくりをめざそうとしたのが、早期教育の真のねらいでした（しかし、これを理解した人は、残念ながら、ほとんどいなかっただけです）。

幼児の能力差は親の能力差

環境といえば、その環境をきずくためのキーパーソンは、まちがいなく、お父さんお母さんです。環境としてのお父さんお母さんの動き方ひとつ変えるだけで、幼児教育の場は、大きく変わります。ネグレクトされたり、言葉の暴力を受けたりした幼児と、まわりに歌を歌ってくれる人がいて、本をいっしょにたのしむ環境があった幼児との差は、決定的です。

なかでも、幼児のまわりにゆたかな言葉の世界を充満させるようなお父さんお母さんの言葉の働きかけがあるかないかが、その後の幼児の成長に大きな意味をもつことは、改めてここで指摘するまでもありません。

お母さんに、仕事をやめて、わが子の教育に邁進しろ、などというようなことをいっているのではありません。そうではなく、少しずつ、できる範囲で幼児を取り巻く環境の整備をしてあげましょう、そのことが最良の幼児教育であり、これこそが「親子共学」の真の姿だということです（ふつうのことをふつうにしましょう、それが幼児には栄養になる、といっているだけです）。

おなかのなかで10カ月以上いっしょにいたわが子も、少しずつ母親のもとをはなれ出します。しかし、はなれても、すぐに母の顔を見ては、お母さんのそばにもどります。こうした行動を何回もくり返して、やがて幼児は一人立ちしていきます。

親子共学のための教材は、どこの教材の断面図をひらいても、そこにはいつもインプットとアウトプットの両方があります。これがこの教材の特徴です。そうすると、どこに不足があるのかが、一目瞭然です。幼児に何が足りなくて自学自習ができにくいと泣いているのか、その理由がわかります。

一日のうちのわずかな時間でいい、お母さんお父さんは、親子共学の幼児教材を有効につかって、幼児が自学自習するために必要な準備が何かを知り、そして、足りない部分を環境としてととのえる、これがわが子にもっとも合った、そして、もっとも簡便な幼児教育です。これだけで幼児はかってに自学自習していくからです。

自学自習は幼児教育にその原形がある

かしこいお母さんの幼児との接し方

幼児をもつかしこいお母さんは、教材のなかに、ときに動物のゾウがあらわれ、ときに広くて青い大海原があらわれれば、それに前後して、動物園に行ったり、多少とおくても海辺にまで足をのばしたりします。

こうした例を出すと、いちいちそんなことはしていられない、そんな余裕などないと一蹴されるお母さん方も、一方にいます。言うまでもなく、動物園や海は、かしこいお母さん方の子ども対応の一つとして出したまでです。しかし、こうしたことなら、子どもをお持ちのお母さん方は日常、いつも経験していることではないでしょうか。

そろそろ夏物の服を着させようとか、最近、動物性のタンパク質に偏りがちな食事がつづけば、植物性のたんぱく源にしたり、野菜や果物を多く食卓に出したりするはずでしょう。睡眠の習慣を安定させるために、早めに寝床に入るさまざまな工夫もします(イヌやネコのペットを育てたり、庭の植物をやしなうのも同じことでしょう。かわいいネコのリリのウンチが水のようであれば、雇い主は何をするでしょう。リリちゃんをたたきますか)。

幼児教育もまた、同じです。新しいことに子どもが出会ったり、出会いそうになったりしたら、親はその経験知に対しての準備を前もってしておこうとするものです。

じつは問題は、何を、どう教えるかということにはなかったのです。子どもの保護者に立つ者と子どもとをともに包み込む教育関係の存立基盤そのものの設定があるかどうか、ここにこそ幼児教育、そして、自学自習の存否の要因があったのです。その教育関係の存立基盤は、自学自習を成り立たせる用語をつかってあえて示せば、「ちょうどの学習」×「ちょうどにする指導」ということになります。

だから、ここに自学自習を可能にする教材があれば、幼児教育は回り道することなく、しかもたいへん楽になるはずです。教材が示す課題に幼児が自学自習で取り組んでいけるように環境をととのえさえすればいいからです。

自学自習と読書

「親子共学」をしやすくする教材の一つに、読書があります（読書にはインプットとアウトプットの両方を誘発する機能があります）。ここで親子共学と、幼児指導に欠かせない言葉の世界をゆたかにすることとの接点が生じます。

幼児は、好きな絵本などを、お母さんといっしょに読んでいきたいという思いをもっています。お母さんはお母さんで、読み聞かせなどをして、お母さんの感情と子どもの感情を交換して、心のスキンシップとして、言葉の働きかけをさかんにします。

さきに、人間の幼児に特徴的な鏡像段階において自我をつくりはじめるということにふれましたが、幼児は、ここでも、母親の働きかけで、感情の教育、語彙の意味の受け渡しをおこなっています。お父さんお母さんが読書が好きなら、子どもも本が大好き、本の世界のなかに溶け込んでいきます。主人公と同化して、その文章の脈絡のなかで、さまざまな意味の世界を動き回ります。じょじょに、なぜ、どうして、という思いや考え方が生じます。幼児の思考力の芽生えです。

しばしば、幼児の自由な読み取り方をじゃまするとして、感情を排した読み方を奨励したり、読みの力を作業力だと勘違いして、速読などの訓練がおこなわれたりしますが、幼児の環境にふさわしいのは、親の生の感情の表出です。こうした感情のともなった読み方をするから、読書が幼児にとって好ましい感情教育になるのだし、ひいては幼児の言葉の環境をととのえるのです（幼児に何かを注入するという発想はやめるべきです。しぜんな対応がいちばんだということを忘れてはいけません）。

自学自習は、もちろん、自分本位の立場にのっとり、自立的な主体性を発揮することで成り立つわけですが、この自分本位を底からささえるものは、みずから問題を見出し、みずから考え、みずから解決していこうとする思考力です。このためには世界から問題を見出す目をもたねばなりません。そうでないと、混濁した意識からは世界はぼやけてしか見えませんし、問題が見分けられませんから、自分の意見といっても、たんなる自分の思い込みをただくり返すしかなくなります。

これでは、当然ながら、思考力の向上はむずかしいし、他人の賛同は得られず、したがって、他人と力を合わせて、問題を解決していこうとすることも不可能になります。思考力もこれ以上の進化発展はのぞめません。

思考力をつけようとするなら、人にはさまざまな感じ方や考え方があり、世の中にはいろいろな見方や生き方があることを知ることです。多くのことを知って、自分を知っていきます。いろいろな考え方や生き方があることを知るから、みずから自分の問題を見出すことができるのです。他人に責任を負わさない自分本位の精神を成長させるためには、読書によって、世界をより広く知るようにしていくべきです。本を読むという活動のなかで、子どもたちの頭は、「経験知」「運用知」「定義知」という思考活動をささえる三相の知がさかんに動き出します。

いまのままの学校教育でいいというのなら、これ以上、語る必要などないことです。そして、そうだとしたら、幼児教育も読書教育も、ことさら必要なものとならないでしょう。ある到達レベルだけをめざす教育には、本質的な欠陥があります。
しかし、待っていただきたい。子どもたち一人一人が自立して、みずからの問題を見すえて、みずから考え、学んでいく自学自習の基盤をきずきたいのなら、幼児教育のみならず、読書教育は欠かせない、狭いながらももっとも有益な入り口になります。

読書の意義と自学自習との関係

世界を広く知ることが読書の意義です。人間はまわりの世界をよく知り、世界に起きるさまざまな出来事に対して、自分自身にとっての意味を確実にすることによって注意力をみがいて、その命をつないできたのです。しかも、意味を求める人間にとって、自学自習はなくてはならない生き方そのものでもあります。

「幼児教育の目的は、大人になって社会的な成功をおさめるためというよりも、少々の不運なことがあってもくじけることなく、つねに晴耕雨読の心境で、自学自習に励んで生きていけるようにすることにあります。六十歳を過ぎてからの読書の楽しみは、幼児期からの読書訓練によるところが大きいのです。」

これは自学自習の教育に一生をついやした先人の言葉です。ユーモアをふくんだ言葉ですが、まことに幼児教育と読書の意義、そして、これらと自学自習との関係を、わたしたちによく伝えてくれています（とくに成人になってからの速読力は、幼児期からの読書量が大きく影響します。小さいときから読書に親しんだ子は、本を買って、家に帰る途中に、その本の何冊かは読み終えてしまいます）。

いつからでも始められる読書

「自学自習への道」は、最終の教材まで進めて、これを終了することが目的ではありません。最終教材を終えるのは何のためであったか、何のために教材の終了を急ぐのか、よく考えてもらいたい。手段と目的との逆転が起こっています。ここにこそ自学自習をめざす教育についてまわる最大の誤解があります。最終の教材を終わったからといって、なんぼのもん、なのです。

教材指導において、しばしば教材を猛スピードで解く力をつけて、まちがえなくできる方法を教えて、最短時間で、遅滞なく教材を解く力、すなわち作業力を身につけさせるべきだという考え方があります。決められた教材の枚数を一定時間内で解く力だけをとくに大事にする指導法です。

しかし、さきにも述べたとおり、子どもたちの学習は、作業力だけでなく、理解力、学習態度形成の力もまた必要とするものであり、しかも、その最終形として「自学自習への道」につながっていなければなりません。

このとき、わたしたちには読書の世界がまた、これまでになかった色彩をもって光り輝くことになります。教材を学習し終えればおしまい、ではないのです。子どもたちはそれ以前でも飛び立ちますし、最終の教材が終わっても、まだ飛び立たない子どももいます（子どもの能力の個人差は大人が想像する以上のものです）。教材のあとにつづく「自学自習への道」には、当然ながら、読書の世界が広がっていくべきなのです。だからこそ、読書教育が必要だったのです。

数学であっても数学の教科書をはじめとした本が読めるように、英語でも英語の原書が購読できる道を模索していくべきです（この場合、数学・英語の教材進度より、2学年先以上の国語力をつけておくことが大切というのは実践を経ての経験知です）。教科書を読むことで、はじめて自分の考えが腑に落ちた経験をする生徒は、じっさい、いるのです。読むという行為が自己内対話を活性化するためです。

そのためには、高校教材に入ったら高校の教科書を学習の友とすべきです。もともと教材は学習指導要領の欠損を補完するためのものでした。教材の学習とともに教科書を読み進めていけば、生徒の「自学自習への道」はより切り拓きやすくなります。

読書好きにすることは幼児教育の目的の一つですが、もしそれが何らかの事情でかなわなかったとしても、落胆するには及びません。そのために教材学習をしてきたのです。幼児期から読書生活をきずくことができれば、それに越したことはありませんが、一方で、教材学習によって教材が求める読解能力を高めておけば、いつからでもこの読書の世界に入れます。早くから読書に親しむことの有意義性は疑えませんが、それでも、遅いからだめだということではありません。

「自学自習への道」に立つことができれば、生徒一人一人の可能性はさらに高まります。可能性の伸長をはばむ障壁が一つ一つ取り除かれていきます。より多くの世界、その世界にすむさらに多くの人々のさまざまな考え方を知ることによって、生徒の可能性は広がり、生徒の自学自習力はいっそう高められていきます。

ヒトの子どもが自分の鏡像を見て、自分自身を知るように、読書は、そこにえがかれたさまざまな考え、多種多様な人々のなかに入り込んで、その他者の生き方を同じように経験することで、そこに逆照射された自分自身の生き方、立ち位置を学んでいきます。読書が自分自身の根幹をつくりエネルギー源になるといわれるのは、このためです。

生徒一人一人の可能性の追求が大きな運動となるとき

いじめ問題の一面

人生80年90年といわれる人の一生のなかで、その途についたばかりの子どもたちの可能性には計り知れないものがあります。待ち構えている数多くの未知の課題は、いやがうえにも、子どもたちの可能性の大いさをわたしたちに知らせてくれます。

多くの子どもたちのこの可能性をもっともっと伸ばして広げてあげたいと思うのですが、残念ながら、世の中にはこれをはばむ幾多の障壁があり、そのまえでうずくまる子どもたちがいることも、また事実です。

子どもがわるいのではない、わるいのは指導者であるというのは、自学自習という学び方が指導者の責任をもって成立するものだからです。自学自習をじっさいにおこなうのは、もちろん生徒です。また、学校など、集団で学ぶ場をみずから構成するのも生徒自身が主体にならなければなりません。しかし、その生徒が自分自身の、また学校などの集合体の主体となるためには、指導者がその場を可能性追求の場とする強い意志によって満たす必要があります。大人たちの責任は大きいと言わざるをえません。

学校という教育現場でおこる「いじめ」問題は、この自学自習を教育現場に成り立たせる問題とけっして無関係ではありません。

表面的には、プラス・イメージとしての自学自習の確立と、マイナス・イメージである「いじめ」という対照的な違いはありますが、根本的には同じ問題がその底には横たわっています。生徒一人一人がみずからの可能性を発揮できてこその自学自習なのであり、生徒間での可能性の打ち消し合いから、おたがいを手段としてしか見ない関係性が偶発的な被害者意識の発生をまねき、「いじめ」問題は発生します。

いじめ問題がエスカレートして殺人や自殺といった悲しい結末になったとき、マスコミは学校の先生と学校の指導性をつよく非難するのがいつもの伝です。生徒からの信号を見逃したのではないか、事件がもっと小さいうちに、芽を摘んでおくべきだった、率先して学校の先生が悪いことは悪いと認め、しかるのち強力なリーダーシップのもと、生徒を正常な状態にもどさなければならなかったのだと、どこか空疎な解説を長々とした記事にしています。

組織優先の大人の論理が事態をますます混乱させる

いじめ問題の危険性がマスコミなどで一斉にとりあげられたとき、ときの政府の首相は大あわてで、つぎのような所見を発表しました。「いじめられている子にぜひ伝えたいことがある。あなたは一人ではなく、あなたを守ろうとする人はかならずいる。誰でもいいから相談してほしい」と。こうした事件が起こるまで、死に直面するいじめ場面を想像さえしなかった人が、それでも組織は万全だと言わんばかり、場当たり的に声をかけるだけで問題が解決するほど、いじめは底のあさい問題ではありません。

いくら先生がリーダーシップを発揮しても、その先生方がすすめる栄光のサクセストーリーのかげで、自分の地を出せば出すほど、周囲の状況に違和感を発する子どもはかならず出て、そうして、いじめは発生します。いや、こうした大人の側がかってにえがくストーリーがきっかけになって生じる無用の序列意識が、逆にいじめを引き起こす遠因になるというのが、いじめ問題の根深さでもあるのです。

他人より精神的な成熟が遅れている幼い子は、いつでも、どこでもいるのに、世の中に寛容さが失われ、その遅れている子をターゲットにします。「わたしを認めてよ!」という幼い声があちこちから聞こえています(一人前のふつうの大人になりたいという心の叫びです)。

序列意識とは、自分がいじめの対象にならないような位置取りがあり、その位置取りさえまちがえなければ、他人がいじめられようが、自分がいじめの対象にならなければいいと考えるようにする体制そのもののことです。精神的に遅れている幼い子は、残念ながらこれに対応ができません。

子ども社会だけでなく、大人の世界でもいじめは起きる

生徒同士が競争相手になり、学校が示すストーリーにすり寄ったり、ワンランクでも上の学校に入学したりするためなら、近くにいる友だって、いや、近くにいる人間をまず餌食にして、足を引っぱり蹴おとす訓練に日々ついやすといった風潮を無意識的に垂れ流していることに、大人は気づいても、この流れを止められません。ここにいじめがいつまでたってもなくならない真の原因があります。

じつのところ、いじめは学校という未成年があつまる教育施設だけで起こることではありません。人々が組織人としてあつまる会社など、大人の集団でも頻繁に起こります。これが表面化しないのは、いじめられた人間の方が、世間では当たり前の競争社会のなかでの追い落としに負けたのだとして、何も言わずに負け組として、その場を去っていくからです。

そこにいる人々の可能性など見ることもなく、組織としてのサクセスストーリーが明確にえがかれた場であればあるほど、弱者は必然的に生まれ、その弱者はいつもいじめのターゲットにされるのです。

したがって、いじめ問題の根本的な解決法は、現代社会の病弊がつづくかぎり、残念ながら見当たりません。しかし、根絶の方法がないものなど、この社会には無数にあります。だから、これに手をこまねいて呆然と立ち尽くすのではなく、いかにしたら、これを抑止することができるかという観点に立って、この問題に対する必要があります。

生きることそのものの価値

ナチスの強制収容所における地獄をえがいた『夜と霧』の著者（オーストリアの精神科医ヴィクトール・フランクル）は、「わたしたちが生きることから何を期待するかではなく、むしろひたすら、生きることがわたしたちから何を期待しているかが問題なのだ」と述べています。

社会の制度が劣化しているのは、人間の質がくずれているせいと考えてまちがいないのです。

生きることそのものに価値を見出し、生徒自身がみずから自立的な人格を得て、そうでない生徒が出てこないような文化の場をつくる主体にならなければなりません。そして、そのためには外部のさまざまな雑音を遮断する番人がいります。人の可能性の伸長を阻むものを食い止める番人にあたる務めをもつのが指導者です。

生徒一人一人がみずからの可能性を追求しやすくするために、一種の指導運動の番人になり、メンバー全員の可能性を開花させるという「ちょうどの学習」の場をきずく活動を展開し、そして、ささえて、雑音に対抗すべきです。生徒自身が指導者の後について、また、この番人の役を果たします。

わたしたちの敵は、いがみ合う仲間ではなく、その仲間もふくめて、わたしたちの可能性の伸長を阻むものすべてなのです。

自分本位の学習をどこまで徹することができるか

上からの規範的なリーダーシップが、逆に、生徒のなかでの上下関係を生み、みずからの友人をいつでもみずからの手段にしてしまう口実にするのです。

生徒一人一人には自立すべき行動目標が必要です。一つ、友人を、隣人を、みずからの欲望を達成するための手段にしないこと。二つ、集団の目標を前面に出して、かえって、生徒間に無用の競争意識をあおらないこと。三つ、なにか問題が生じたとき、結局は生徒たち自身が自分の問題として解決しなければならないものと知ること。これらの行動は、結局、自分本位を底の底まで徹して、自己を無用の規範から自由にし、他人への妬みを恥とする文化をきずくことにつながります。

こうした文化の創造に自学自習の教育は、少なくとも、いじめ事件に顕著な問題への抑止力にむけてのきっかけになるのではないでしょうか。人の思惑を気にして、うつ状態になったり、もたなくてもいい被害者意識をつのらせたりするのは、やはり、自己の主体性の意味をとことん掘り下げることをしないで、他人の評価を第一にする他人本位の行動になっているからでしょう。

学習の主体は生徒自身です。いい加減なところで、主体性を振り回すのではなく、他人の主体性を認めざるをえない深みにまで自分本位を貫くべきです。

生徒が教育の主体となる教室づくり

あくまで教育の主体は生徒です。指導者の仕事は、生徒一人一人を教育の主体にする場をつくることです。つまり、なかなか自学自習の形をつくれない生徒がいれば、これをすぐさま見出し、もとの「ちょうどの学習」の場にもどすことが指導者の務めになります。自学自習の場にもどれない生徒をそのまま放置しておくことを厳にいましめる姿勢が指導者には必要です。

教室は一種、指導者の闘いの場になります。この闘いの場では、いつも指導者はある岐路に立つことになるでしょう。死活の分かれ道です。一方にはいつも自分を主にして考える道があります。自分がめざすべき夢の教育につながる道です。

一方、もう一つの道は、他者との共生をつねに求める道です。どんな理由があろうと、生徒が生かされることを考え、生徒がもとの「ちょうどの学習」の場にもどることだけを考える道です。つねに自己を第一に考える道と、黒子として番人の立場に立って、いかなる状況であろうと、すべての生徒が生きる可能性をもつようにする道との分かれ道です。

指導者は、自分が理想とする教育の達成とか、教室という組織の存立とかといった、みずからの欲望を排して、いつも子どもの側に立つ人です。学ぼうとしていない生徒たちを見て、「ああ、かわいそう」と、すなおに涙を流し、手をさし出す人のことです。だから、指導者は、「ちょうどの学習」の場がいつも子どもたちの豊穣な可能性で満たされていることに唯一のよろこびを感じることができるのです。

それ自体において善いもの

「ちょうどの学習」を形成する

子どもたちの現状をそのまま見れば、わるいところ、だらしのないところ、いくらやっても不勉強なままであることなど、目をおおいたくなるようなことが多いのも、隠しようのない事実です。しかし、そうした事実があるからこそ、その生徒に可能性の芽を見出し、これを指導の起点にして、生徒の学習を構成しようとする、これが「ちょうどの学習」でした。

生徒の可能性の実態に即した「ちょうどにする指導」をおこなうことで、これまで石のように固まって、どうしても動こうともしなかった子どものなかにある突破口が見出されます。この突破口もまた、生徒自身がうちに抱え持っていたものにちがいないのです。はじめに可能性があった、この信じられないような奇跡のような事実があったことを、自学自習の教育や、これにつながる読書や作文の教育がわたしたちに知らせてくれます。

もちろん、自分の可能性が見えない生徒は、当然ながら、いまのぬるま湯にいつまでもつかっていたいというでしょう。しかし、一方では、その生徒の可能性自体がその生徒をゆり動かそうとしていることも、また事実です。

それはときにいらいらした反発心をふくむもので、相手にするとやっかいなものかもしれません。それでも、そのかすかな動きを見逃さない指導者たちは、その生徒の自学自習の道筋を間髪いれずつけて、生徒の主体的な学習を形づくっていきます。そして、その道筋をしっかりと築き上げていきます。

他者を手段にしないというカントの指示

なんらの目的意識なく、条件なしに「…すべきだ」という実践理性における定言命法（人間一般に無条件に当てはまる実践的な生き方の法則）を求めた哲学者イマヌエル・カントは、欲望や一時の快不快に左右されない、自由なる精神を追い求めました。

この道徳をおこなえば、こんないいことがあるとか、反対に、この規則をやぶれば、こんな罪と罰を受けるという、いわば目先の条件にとらわれがちな人々のふつうの考え方に、自分で決めた規則を無条件に守るようにすべきという格率（人格を統率するもの）をせまったのです。まさに勇気ある自分本位の実践的な理性への呼びかけでした。「汝の意志の格率が同時に普遍的な立法の原理として通用するように行為せよ」という有名なカントの言葉はこのことを簡潔に示しています。

まさに、カントが述べる自立精神を思うと、他者を手段にして、気ままに生きる人間など、自由でも何でもないことになります。自由なる意志に基づく人格をもった人間があつまって、おたがいの人格を尊重して、けっして人を手段にしたりしない社会を、カントは「目的の王国」と呼んだのでした。

いま考えれば、現代社会において、権力や富、名誉、健康といった、一般に「幸福」といわれる状態も、人間を奔放にさせ、高慢にするばかりです。何かを達成したり、何かに役立ったりするから「善い」のではなく、「それ自体において善い」ものであり、「一切の損得勘定ぬきで義務としてなされるときに働くもの」をめざすべきなのに、人々はこのことの重大さにいっこうに気づこうとしません。

子どもたちはいま、こうした社会のなかに、どっぷりとつかっています。

自学自習で学習することをめざすのは何のためか

生徒たちに自学自習の意義を伝え、「ちょうどの学習」をもって、学年を越える教材までにその自学自習の形を追求するのは、何のためだったのでしょう。最終の教材を終えてもなお、生徒たちの自学自習の教育を強いるのは、なぜなのでしょうか。

指導者の先達の一人は、こう言いました。

「2歳読書をすすめよう」「高校の教材に入ったら、教科書を持たせよう」「国語が数学を抜く」「本に順番をきめた一覧表をつくって読書運動を推進しよう」。

これらの言葉は、能力の個人差の大きい生徒一人一人に対して、教材学習が終えてもなおつづく学びの道をも指し示すメッセージです。

さきに示したカントの自立の精神は、ある意味で、ふつうの一人前の大人が至りつく自由の境地を指し示していますが、自学自習のよる教材学習も何かの方便にしたり手段にしたりすべきものではなく、こうした大きな視野のもとにつかむべき教育の方法なのです。

自学自習が指し示す
教育の可能性

それでは、自学自習の学習の形は、どこまで、その教育の可能性を示すものなのか、といえば、たとえば、こうです。


東に病気の子どもがいれば、行って看病してやり。

西に疲れた母がいれば、行ってその稲の束を背負い。

南に死にそうな人がいれば、行って怖がらなくてもいいといい。

北に喧嘩や訴訟があれば、つまらないからやめろといい。


こうしたふつうのことがふつうにできる大人になるためです。

みずから学べば学ぶほど、いろいろな世界があり、人の考えや生き方がさまざまにあることを思い知らされて、ますます知らない世界が大きく広がって、自分がいかにものを知らないかを知り、この当たり前のことを当たり前として自得して、そうして、また学ぶ。こうしたふつうの人のふつうの自学自習の精神は、子どもがやがて、いわば一人前の大人になるための学ぶべき、当のものです。

ふつうのことがふつうにできる大人になってはじめて人は、世の中の不正やひずみにも対しても、なにも恥じることないみずからの意見を堂々と発せられ、世の中の理不尽さにも、なぜそうした理不尽が生じたのかを深く考えて、みずからの行動を決定していく人になることができるでしょう。自分の言葉を発することもできるでしょう。

自分で考えるという、なんの強制もこだわりもない自分本位を徹して、それが身体レベルにまで達すれば、そこにはおのずと自他共存の世界が広がっていきます。

教材学習自体を自己目的化してはいけません。最終の教材を方便にしてもなりません。ある教材にこだわり、これをこえるだけの指導をめざすべきではありません。幼児教育も、教材学習も、教科書の学習も、読書も、作文も、すべてがそのまま、自学自習でなければならないのです。

教育はサービス業だといって恥じない大人たち

世の中には、教育を、子どもや母親、すなわち、購買者の好みに合わせるものを与え続けることだと広言する人たちがいます。教育はサービス業だというのです。インターネットやテレビなどのマスメディアをさかんにつかって、お客さまに喜ばれる数々のサービスを垂れ流しています。

学校だって、例外ではありません。保護者の賛同が得られなければ、学校自体が消滅する世の中になってきました。学習塾と提携して、受験サービスを提供する学校まで現れてきました。税金をはらう納税者に、それなりの満足を与えないといけないと考える人が学校現場にも登場してきたのです。

教育をサービス業だというのははばかれるから、こういう人たちは、夢をもつ子に育てますとか、わが子を守る教育を実践していきますと、まるで住宅産業の営業マンのような口ぶりです。

自学自習を求める必然性がある

こうした世相に出会うたびに、動物園のオリのなかで、翼は折れ、膚ははげおちた駝《だ》鳥《ちょう》をえがいた一編の詩が思い出されます。その最後にはこうあります。

駝鳥の眼は遠くばかり見ているじゃないか。
身も世もない様に燃えているじゃないか。
瑠璃色《るりいろ》の風が今にも吹いて来るのを待ちかまえているじゃないか。
あの小さな素朴な頭が無辺大の夢で逆まいているじゃないか。
これはもう駝鳥じゃないじゃないか。
人間よ、
もう止せ、こんな事は。

これはけっして、過ぎ去ったことではありません。いまの教育の場で、子どもたちが蝕まれている、これが現実なのです。

こうした今だからこそ、教育はますます、その教育の本質をあらわにして、自学自習という教育本来の務めを果たすために、これまでの歴史にはなかった指導運動を立てて、これを前進させていかなければなりません。

■夢を語るな、語らせるな

夢を持つことはいいことなのか

教育者は夢を語るのが好きです。と同時に、また、夢を語らせるのも好きです。

しかし、自分の足元を見ずに夢を語ってもむなしいし、相手の都合も考えずに夢を語らせることはなお、ありがた迷惑です。それだけではない、ときには、暴力的ですらあります。

なぜなら、こうした夢はいつもステレオタイプ（変わりばえのしない紋切り型の定型的なイメージ）におちいるのが常だからです。サッカー選手になりたい、宇宙飛行士になりたい、……夢のもとをたどれば、テレビの世界、マンガやゲームの世界にあるきわめて限られた、手垢のついた定型的なものばかりです。親までもがこのステレオタイプにやられてしまっています。

そのために背伸びした夢や、この反対に控えめすぎる夢を無理につくり上げて、結果、そのステレオタイプや、逆にこれに背を向けたステレオタイプが、未来から現在を押しつぶして、生徒本人の大切な「今」のなかでの躍動感あふれる生命の息吹を失わせています。

しばしば、世界の人々が平和で、戦争のない世界になるようにと語る人々がいます。わが子のつつがない成長だけを願う人がいます。世界に目を転ずれば、慢性的な貧困や病気、食糧危機におそわれている人がいますし、偶発的ともいえる災害に見舞われた人々がいます。こうした人々の語りは、いってみれば、他者との和解のときを待つ祈りにちかい言葉です。

夢にはこうした祈りにある切実さがありません。偶発的にわいた蜃気楼のような、はかない、それでいて、自分たちの現在から目をそむけるものばかりです。自分の能力を自分の利益だけのために費消する排他的な物言いはやめるべきです。

睡眠中に不意にあらわれる夢のいくつかは、無意識界もふくめた全身的な精神活動の結果でしょう。しかし、その場合には、夢を夢としておしまいにすることなく、みずからの現下の歩みを、その夢に対して、どのように位置づけるのかを考えつめることで、あらたな次なる一歩に結実させていきます。だからこそ、そうした夢にも意義が生じたのです。

夢が破れてもなお生き抜く力を

自学自習とは、文字どおり、自己との対話そのものを起源にする自分本位の学習法です。学習者自身が自身のなかから飛び出すX君を引き出し、このX君との対話から生じる学びの形です。夢を語ったり、語らせたり、そして、そこから出てくる方法論をあれこれ考えるやり方とは対照をなすものです。もちろん、夢を語らせようとする人々とも一線を画します。そんな態度から、生徒本来の「問題」が出てくるとは思えません。

そもそも、夢を成就させた人など、この世にいたのでしょうか。成就したと思って手のなかにあるものを見れば、すっと消え去るもののようです。みんな挫折のなかで、この苦しい挫折のなかで、いま自分にできることを模索してきたのではなかったでしょうか。そして、その挫折と断念のなかで、自分への誇りを保ってきたのです。

少なくとも、教育であるかぎり、夢を語らせることより、もっと大事なこと、夢が破れてもなお、挫折を糧として、これを乗り越える、強靭な思考力と、挫折にもめげることなく、いま自分が生きていることへの尊厳を忘れないこと、明日への、次なる一歩をきざんでいく道筋を教育していくべきです。

我を忘れているのではないでしょうか。

いままた、子どもたちの可能性の伸長をはばむ新たな敵が現れてきました。猶予はありません。子どもたちがかわいそうではないか。どこに活路を見出してよいかが、わからないのです。

指導者よ、出でよ。

子どもたちの自学自習の道筋をつける指導者の出現が待たれています。子どもたちには学ぶ力があるのです。知っているということは、できる可能性がある、ということと同義です。できないのではない。学んで知れば、それがそのまま、できる可能性にむけての準備になるのです。人間の知育の力を大いに高めるときです。

少々のことで、くじけてしまってはいけない。いい加減なところで、折り合いをつけるべきではありません。

情報化の現代だから自学自習はますます必要になる

自学自習は、自分が何かに対する手段として、他人本位の世界にあるときには、その姿を現すことはありません、しかし、この手段化される自分がほんとうの自分ではないのではないかという振り返りと、その振り返りに余裕をもつとき、自分自身と自分との対話がはじまり、自学自習が芽生えてきます。

じつは自学自習というもの、あくまで自分自身との対話を基盤として、自分本位の主体性を得たときに始まるものでした。どのような状況であっても、その状況にどのような意味を見出すかは、本来的な自分本位の位置に立つことではじめて得る自由に発するものだからです。

自分本位とは、文字どおり、我が身ひとつになること、今いるという実感を身体全体に受けて、命そのものになることでした。

「自学自習への道」とは、「自由への道」でもあったのです。

自分の知育の状況に偏りはないか。環境や状況の影響にあるがままに流されている自分に諦めていないか。こうした自分を克服できてこそ、自学自習が生まれてきます。自由を守るためには、人の可能性を信じて、ともに闘い、いったんその自由を得たとしても、絶え間のないその守護を継続しなければなりません。

夢ならぬ可能性はつねにあること、自分に可能性があること、つまり、子どもたちは夢を語るまえに、みずからのまえに現れる数多くの「出会い」を経験します。なかには、喜ばしい「出会い」、幸せな「出会い」もあるでしょうが、悲しい「出会い」、つらい「別れ」もあります。こうした「出会い」から子どもたちが世界を広げる機縁は、それこそ無限で、計りしれません。思いもよらぬアクシデント（事故）に遭遇することだって、めずらしくないのです。

自分探しの旅をつづけ、自分のつむいだ夢のなかに閉じこもって、他者との「出会い」を妨げるべきではありません。そのかたくなさが夢の果てに残ります。「出会い」を待ち受ける余裕を持つためにこそ、読書は自学自習の泉、生命の泉になります。

本のなかにもきっと、数多くの「出会い」があることでしょう。挫折したとき、内側にばかり向いた精神に、こんな道もある、こんな突破口もあると指し示してくれるのが読書だからです。

本のなかに登場するさまざまな人の内面に入ったり、経験したことのない考えを知ったりして、登場人物X君と一体になって、ともに闘うという得難い経験を読書は与えて、子どもたちがかぶる固い甲羅のカラを打ち破ります。読み、そして、書く、これらの活動が、皆さんの可能性X君がどんな苦難のときにもあることを知らせ、勇気づけてくれます（自分自身のX君、X君とX君があつまって、X君たちは広場の真ん中で、踊りまわっています）。

時代はまた、経済中心の成長戦略を欲して、世界は高速の情報化の時代となり、教育はますます画一的になり、産業主義が教育そのものをサービス商品化する時代になり、コンピューターがはじきだす数字がものごとの原因であるかのようにふるまって、いまを生きる人々を手段として、人は組織存続のための道具になり果てようとしています。

それにしても、教育をサービス業という営利目的の一つの商品にする世界がきて、しかもその勢いはグローバル化といわれるぐらい無秩序に伸び広がる現代に、それでもなおかつ、自分自身のこの世界における意味を追い求める教育が存続していたこと自体、僥倖と言えば、僥倖です。

人類にはこうした文化の継続が必要なのだと訴える人々の声がつながって生きていたのです。わたしたちにとって、他者を生かす場に立つことは、まさにこうした先人のいとなみを継ぐことでした。

自学自習とは、自身のX君もふくめて、他者のX君を知ることにより、その他者のX君を鏡として、みずからの問題性を照射し、これを克服していくことだったのです。

自学自習の精神は、情報化のこうした現代だからこそ、求められているのではないでしょうか。先人たちの魂に守られつつ、みずからの学ぶ力を確実に一段階高めて、この時代の波を乗り越えていかなければなりません。これからの教育は、もっともっと地に足をつけた確固たるものにしていかなければならないのです。

自学自習は人間としての生を形にするものです。そこに子どもの可能性があれば、その可能性を追求して、その道筋をつける思想をもつべきときです。

自分にも、できることは、まだある。

君たち自身のX君の登場を待ちます。この思想にはイデオロギーとしてのかたくななどはありません。そんな横道などゆるされない状況がせまっています。しかし、切羽詰まった状況でもありません。むしろ逆です。子どもたちの可能性がますます広がるから、その追求のチャンスはあらゆるところにあります。

子どもたちには余裕が十二分にあるから、ゆうゆうとして自分が問題としたことを、自分の学びの形で、学んでいくことができるのです。あわてることはありません。わたしたちは自己の可能性を信じて、この可能性の伸展をさまたげる火の粉が降りかかってくるたびに、これを袖で払えばいいだけです。

あとがき

　書き終えていま、わたしの脳裡には、しばらくまえなら、ふつうに見られた光景が、去来しています。

——水あめをしゃぶりながら「紙芝居」を見入っている子どもたち——となりの子と体がぶつかっても、押されたからといって、そこで小づきあいが始まる気配はありません。恨みも妬みもなく、いじめも被害者意識もありません。夢中で紙芝居屋さんのお話を聞いて、紙芝居から目をはなそうとしません。子どもたちの心は、もうつぎにあらわれる画面に胸をふくらませて、今か今かとその決定的な瞬間を待っています。知らない者同士であっても、ここにはじつにたのしい時間が流れています。自学自習の背後にはこうした自由な風景がありました。目をきらきら輝かせ、前のめりになる子どもたちがいました。

　自学自習に鍛錬だの忍耐などは似合いません。くり返し学習するのは、子どもの腑に落として、すっきりするためです。さきの学習が不安だから、もっと前の学習を鍛錬する。いつまでつづくのでしょうか。最終の教材が終わるという夢のためでしょうか。紙芝居屋さんは、頃合いを見計らって、さっと紙芝居のページをくり、子どもたちの目がかがやく。それだけのことです。何もかも忘れて夢中になっている自分がいて、みんなも同じように夢中であれば、そのことだけで幸せでした。

　基礎学力が自学自習にいたるための道にあって、子ども自身が生きて、みずからの意味を求めていく活動そのものをささえるものであったことは、多少なりともここで明らかにあったのではないかと思います。そうであるなら、子どもたちには、鍛錬という言葉に甘えさせることなく、自学自習への道を、より具体的に指し示す必要があるのではないでしょうか。ここに記した「自学自習への道」はこれまであまり議論されていなかったことが多かったはずです。それは子どもたちに潜在する可能性があると知りながら、だれもこれを引き出す方法をもたなかったためです。この小冊子がこれからの教育改革への一つの方向を示すものになれば幸いです。（より実践的な自学自習の指導方法については、拙著『「ちょうどの学習」×「ちょうどにする指導」』（牧歌舎刊　２０１０年）をご覧ください。）

ここに書かれたことの多くは、じっさいの指導実践をつづけておられる方々との話し合いから生まれたものです。この成果を次代の先生方に、そして、学習者本人とそのご両親に伝えるべきものと考え一本にしたわけですが、この小冊子がなったのは、ひとえに自学自習の指導を考える会にご参加いただいた先生方のご努力によるものです。ここに先生方にはふかくお礼を申し上げる次第です。

最後に、より多くの方々が、この「自学自習への道」に立たれて、これまで以上の活動にますます励んでいただくことをお願いして、筆をおきます。

２０１3年2月　著者記す

■著者プロフィール

村田　一夫（むらた　かずお）

1947年滋賀県生まれ。慶大卒。公文式の創設者公文公氏に学び、教材制作に従事。
著書に、『公文式国語の「方法」』、『「晴耕雨読」の読書法』（くもん出版）、『言語powerを鍛える』（書泉出版）、『現代ソフィスト伝―公文公は教育に何を見たか』、『「ちょうどの学習」×「ちょうどにする指導」―ケアとしての教育を求めて…』（牧歌舎）がある。

自学自習への道
「ちょうどの学習」が拓く子どもたちの可能性

2013年4月15日　初版第1刷発行
著　者　村田一夫
発行所　株式会社 牧歌舎
〒664-0858　兵庫県伊丹市西台1-6-13 伊丹コアビル3F
TEL.072-785-7240　FAX.072-785-7340
http://bokkasha.com　代表：竹林哲己
発売元　株式会社 星雲社
〒112-0012　東京都文京区大塚3-21-10
TEL.03-3947-1021　FAX.03-3947-1617
印刷・製本　株式会社 精興社

ISBN978-4-434-17810-8 C0037